10大主題、110位偉人的
人生成就精彩大PK！

世界偉人對決超圖鑑

Sherpa股份有限公司／編著
曹茹蘋／譯

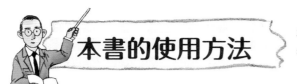

本書的使用方法

本圖鑑收錄超過 100 位偉人，透過 3 種頁面比較他們各自的人生。各位可以從頭開始依序閱讀，也可以從喜歡的偉人開始讀起。

比較主頁｜從誕生到去世，比較偉人的人生歷程！

查看年齡 本書為方便讀者比較各偉人的人生，是依照年齡順序排列介紹的。

共有10個主題

像是科學家、冒險家、音樂家等等，一共準備10個比較主題。快來找找自己感興趣的主題吧！

列出5位了不起的偉人

每個主題都會舉出5位具代表性的偉人。每位偉人都是留下輝煌實績的大人物。

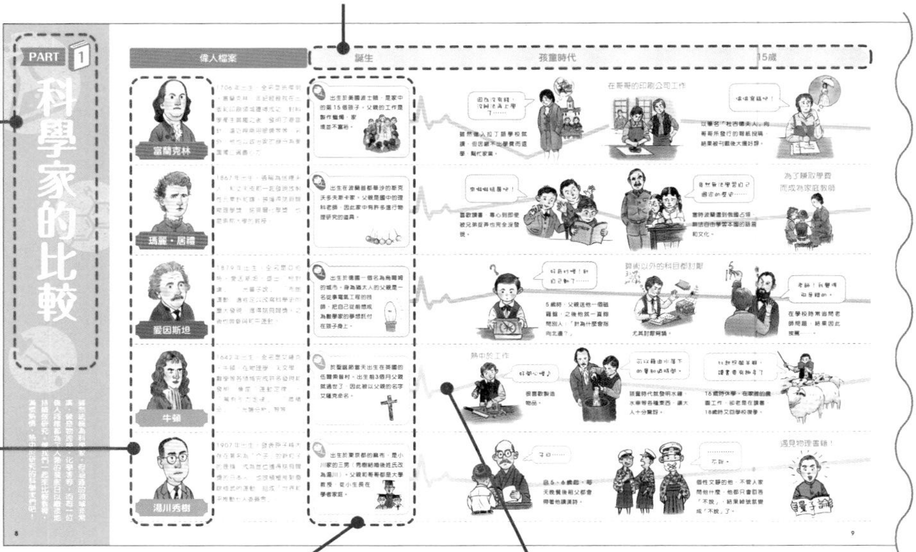

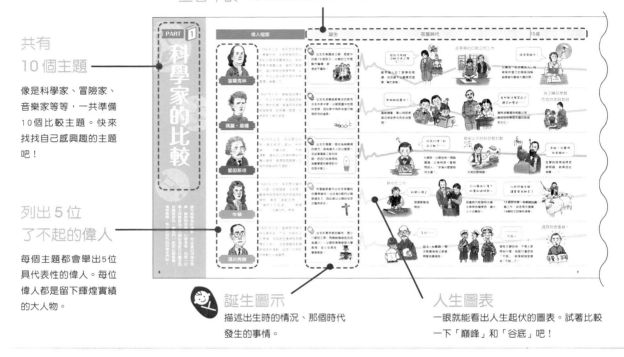

誕生圖示

描述出生時的情況、那個時代發生的事情。

人生圖表

一眼就能看出人生起伏的圖表。試著比較一下「巔峰」和「谷底」吧！

對決頁面｜一對一比較各領域的對手！

比較歷史上的競爭對手，或是在相同領域馳名，但生長於不同時代的兩位偉人。

展現從誕生到去世為止，偉人們最引以自豪的重大經歷。試著比較看看兩人在各個年齡時，誰比較厲害吧！

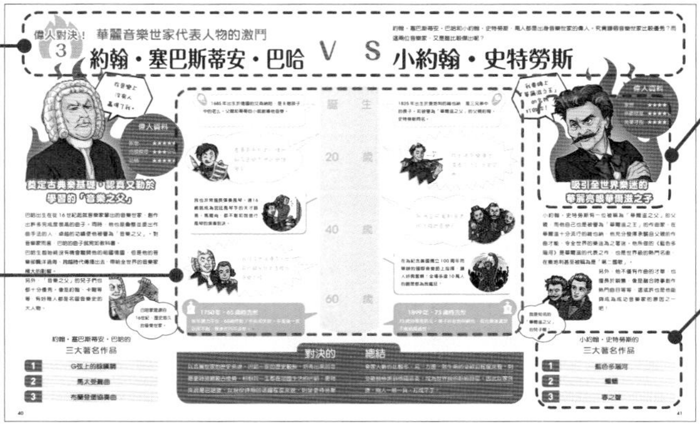

介紹偉人的形象和實績。也別忘了查看以滿分 5 顆星評價偉人的強項和性格的「偉人資料」喔！

介紹偉人留下的作品和實績中，特別優秀的 3 項。和對戰對手的成績比較看看吧！

- 故事是根據事實編寫而成，至於偉人的台詞、畫中的背景和服裝等未留下正確紀錄的部分，有些是為了增添讀者閱讀的趣味，在以各種資料作為參考的前提下創作出來的。
- 年號、名稱、偉人的全名有各式各樣的說法。本書是採用一般常見的用語。

以插畫介紹事件

利用插畫淺顯易懂地解說當時的生活情況、經歷等等。偉人的台詞也值得關注。

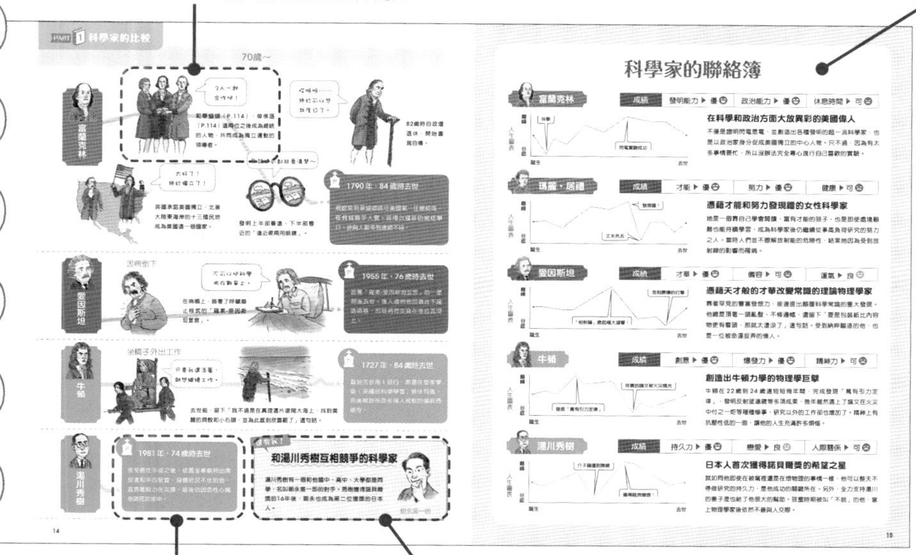

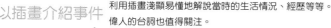

用聯絡簿歸納總結

以聯絡簿的形式，對偉人的人生進行總結歸納。另外，還準備了「人生圖表」的摘要版，以及將值得注意的能力以「優、良、可」這 3 階段進行評價的「成績欄」。

「橫讀」完一位偉人的人生後，也試著「直讀」5 位偉人在各個年齡所發生的事情吧！仔細比較一下，應該能夠從中獲得各種新發現。

去世圖示

描述去世時的情況、去世後發生的事情等等。

各種專欄

書中到處可見有趣的專欄。像是「偉人名言」、「什麼都要比排行榜」等等，一共有 5 種專欄。

更多比較頁面｜藉由豐富多樣的主題，發覺 4 位偉人的厲害之處！

和主頁不太一樣，這裡是以更細微的主題設定進行比較，像是在短暫的人生中達成了厲害實績的偉人等等。

各主題都有小專欄，記載讓人更加瞭解偉人的小知識，以及偉人們不為人知的經歷！

列舉 4 位符合主題的偉人，同時準備集結了出生年分、實績等資料的檔案。有時也會出現令人略感意外的「稀有偉人」……。

偉人是什麼樣的人？如何創造出了不起的作品？……利用圖文搭配的形式，方便讀者瞭解這些事情。

世界偉人對決超圖鑑

目錄

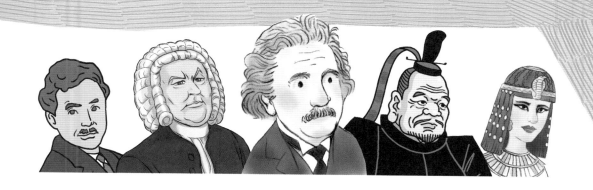

PART 1

科學家的比較

雖然統稱為科學家，但涵蓋的領域非常廣，像是物理學、化學等等，而每一位偉人同樣都為了人類的發展日以繼夜地持續做研究。讓我們一起來比較看看，滿懷熱情、熱中於研究的科學家們吧！

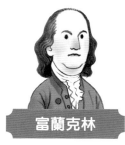

偉人檔案		誕生
 富蘭克林	1706年出生。全名是班傑明・富蘭克林。年紀輕輕就在出版和印刷領域獲得成功，對科學產生興趣之後，發明了避雷針、遠近視兩用眼鏡等等。另外，他也以政治家的身分為美國獨立竭盡心力。	出生於美國波士頓，是家中的第15個孩子。父親的工作是製作蠟燭，家境並不富裕。 
 瑪麗・居禮	1867年出生。通稱為居禮夫人。和丈夫皮耶一起發現放射性元素釙和鐳。曾獲得諾貝爾物理學獎、諾貝爾化學獎，也是索邦大學的教授。	出生在波蘭首都華沙的斯克沃多夫斯卡家。父親是國中的理科老師，因此家中有許多進行物理研究的道具。 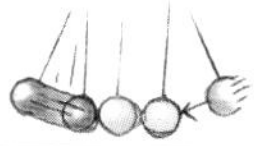
 愛因斯坦	1879年出生。全名是亞伯特・愛因斯坦。提出「相對論」、「光量子說」、「布朗運動」這些足以改寫科學史的重大發現，獲得諾貝爾獎。之後也曾參與和平運動。	出生於德國一個名為烏爾姆的城市。身為猶太人的父親是一名從事電氣工程的技師，把自己從前想成為數學家的夢想託付在孩子身上。 
 牛頓	1642年出生。全名是艾薩克・牛頓。在物理學、天文學、數學等各領域完成許多發現和發明，像是「運動定律」、「萬有引力定律」、「微積分」、「光譜分析」等等。	於聖誕節當天出生在英國的伍爾索普村。出生前3個月父親就過世了，因此被以父親的名字艾薩克命名。 
 湯川秀樹	1907年出生。發表原子核內存在著名為「介子」的新粒子的理論，成為首位獲得諾貝爾獎的日本人。也很積極推動廢除核武的運動，組成「世界和平推動七人委員會」。	出生於東京都的麻布，是小川家的三男（秀樹結婚後姓氏改為湯川）。父親和哥哥都是大學教授，從小生長在學者家庭。 

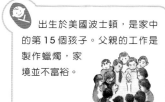

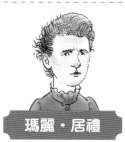

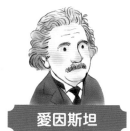

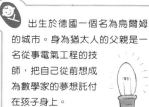

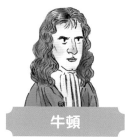

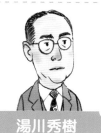

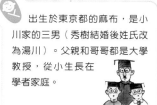

孩童時代　　15歲

因為沒有錢，沒辦法再上學了……

雖然進入拉丁語學校就讀，但因繳不出學費而退學，幫忙家業。

在哥哥的印刷公司工作

偷偷寫稿吧！

以筆名「杜古德夫人」向哥哥所發行的報紙投稿，結果被刊載後大獲好評。

來嚇嚇瑪麗吧！

喜歡讀書，專心到即使被兄弟捉弄也完全沒發現。

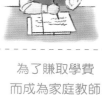

竟然無法學習自己國家的歷史……

當時波蘭遭到俄國占領，無法自由學習本國的語言和文化。

為了賺取學費而成為家庭教師

好奇妙喔！針自己動了……

5歲時，父親送他一個磁羅盤，之後他就一直詢問別人：「針為什麼會指向北邊？」

算術以外的科目都討厭

尤其討厭背誦。

老師！我覺得那是錯的。

在學校時常追問老師問題，結果因此挨罵……。

熱中於工作

很喜歡製造物品。

可以藉由水落下的量知道時間。

孩童時代就發明水鐘、水車等各種東西，讓大人十分驚訝。

16歲時休學，在家裡的農園工作，卻老是在讀書，18歲時又回學校復學。

自5、6歲起，每天晚餐後祖父都會帶著他讀漢詩。

個性文靜的他，不管人家問他什麼，他都只會回答「不說」，結果綽號就變成「不說」了。

遇見物理書籍！

20歲 25歲

和哥哥大吵一架，離開公司。後來做了幾份工作，便自己開了印刷公司。

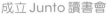

成立 Junto 讀書會

成立名為「Junto」的讀書會，並且從事以公眾利益為目的的活動。

當家庭教師賺錢的瑪麗，終於在 24 歲時如願進入索邦大學就讀，成為科學家。

熱中讀書和實驗

和皮耶結婚

在大學埋首研究時，遇見了後來的丈夫皮耶。

大學畢業後遲遲找不到工作，23 歲時才在朋友的介紹下，到專利局任職。

雖然沒有研究室，仍自行在腦中進行拓展想法的「思考實驗」。

在 1905 年寫出多達 5 篇了不起的論文。後來這一年被稱為「奇蹟之年」。

進入大學就讀

24 歲左右發現「萬有引力定律」等好幾項重要的定律。

蘋果會因為引力而從樹上掉下來，可是月亮卻絕對不會往下掉。不覺得很不可思議嗎？其實這是多虧了地球拉扯月亮的力量，讓月亮不會離開地球，一直在地球周圍轉動。

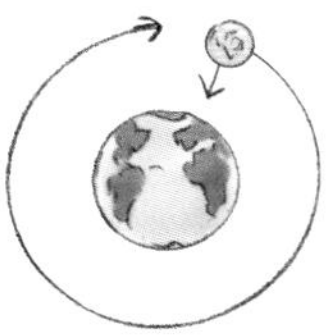

讀了《量子論》這本書後，開始對物理學產生興趣。

24 歲時，和湯川澄結婚，姓氏也改為湯川。

睡覺時也在想研究

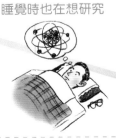

30歲　35歲　40歲

熱中於科學實驗

讀過科學書籍後，開始迷上做實驗。

我做出很厲害的火爐喔！

運用科學知識，做出比一般火爐節省一半以上燃料的「富蘭克林爐」。

這個還有那個，有好多事情非做不可！

除了喜愛的科學實驗之外，他還創立消防局、學校，擔任郵局局長等等，每天都過得非常忙碌。

這項研究好辛苦啊……

和同為科學家的皮耶一起，從礦石中取出、篩選帶有放射能的結晶。

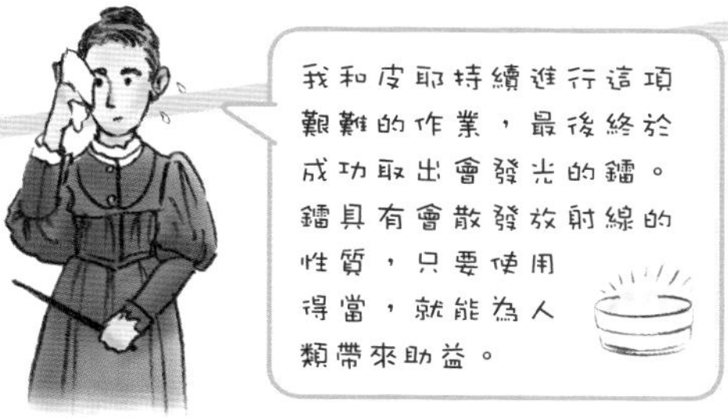

我和皮耶持續進行這項艱難的作業，最後終於成功取出會發光的鐳。鐳具有會散發放射線的性質，只要使用得當，就能為人類帶來助益。

夫妻一同獲頒諾貝爾獎！

成為大學教授

我可以在大學做研究了！

論文受到好評，於是被邀請到蘇黎世聯邦理工學院任教。

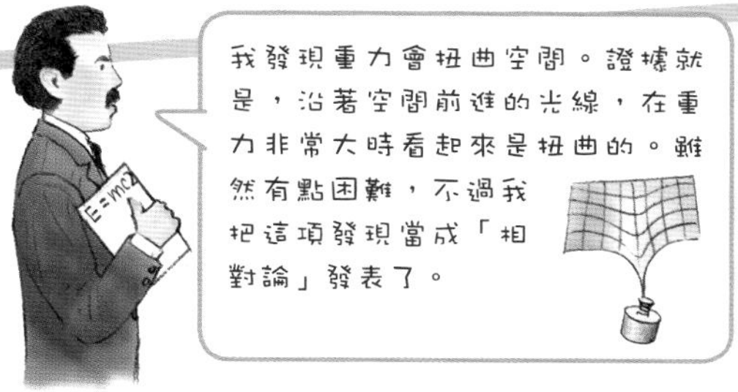

E=mc2
我發現重力會扭曲空間。證據就是，沿著空間前進的光線，在重力非常大時看起來是扭曲的。雖然有點困難，不過我把這項發現當成「相對論」發表了。

相對論掀起大熱潮！

如何？數學很有趣吧？

27 歲開始成為名校劍橋大學的數學教授，但是也有學生反映他教的內容太難了。

做實驗就是在休息！

研究既是他的工作，也是他的休閒娛樂。

這是什麼？

因為太熱中於研究，結果把懷錶和蛋一起拿去煮了。

請聽我說，這可是大發現啊！

雖然向全世界發表了「介子論」，但是大家都對日本年輕學者的論文不感興趣。

原子裡面的原子核，是由質子和中子集結組成。另外還有一種名為「介子」的粒子，會往來於質子和中子之間，將兩者聯繫在一起……這就是我的理論。
質子
中子
介子

介子的存在在英國得到證實！

秀樹的理論獲得了認可。

45歲　　　　50歲

富蘭克林

故意讓風箏被雷擊中，藉此調查閃電的真面目。

我把金屬鑰匙掛在風箏線上，然後將停留在鑰匙上的閃電移到萊頓瓶這種用來儲電的裝置裡，證明了閃電是電。基於這項實驗，
我發明了避雷針。

瑪麗・居禮

皮耶被馬車撞死了！我為了遺忘悲傷而埋首研究，後來獲得了第二座諾貝爾獎……

現在正是科學派上用場的時候。

製造出可以拍攝X光的車子，治療在戰爭中受傷的人們。

愛因斯坦

喔喔！日本真是美麗的國家啊！

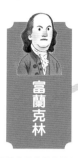

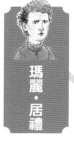

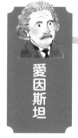

聞名全世界之後，43歲時也受邀造訪日本。在前往日本的船上，收到獲得諾貝爾獎的通知。在日本遊覽了京都、奈良、松島、宮島等風光明媚的土地。

在德國，希特勒所率領的納粹勢力增強，開始迫害猶太人。愛因斯坦參加了和平運動，結果不久後被趕出德國。

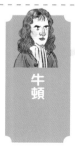

牛頓

PRINCIPIA

我雖然寫過許多論文，卻不曾積極地進行發表。因此，我寫了集結所有研究成果的《自然哲學的數學原理》這本書。你們的父親說不定也讀過喔～
PRINCIPIA

啊～好無
聊喔……

46歲時被選為國會議員，卻只在議會上發表過一句話。

湯川秀樹

當初介子論遭到眾人無視，但是學者鮑威爾證實介子的存在之後，我的理論一下子變得備受注目。然後在42歲時，成為第一位獲得諾貝爾獎的日本人！

湯川博士
萬歲！

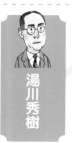

戰爭結束不過數年，此時的日本處境依舊艱難。獲得諾貝爾獎這件事，成為國民的一大希望。

55歲　　60歲　　65歲

多項研究受到認同，獲頒名校牛津大學的博士學位。

這時的美國仍受到英國支配。我身為政治家，為了讓美國獨立，也和英國進行多方交涉。

多次前往歐洲

跨海為獨立進行交涉。

我要隨心所

長女伊雷娜和雙親一樣成為物理學家，次女伊芙則成為鋼琴家和劇作家。

罹患惡性貧血而倒下

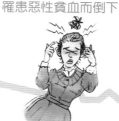

1934年，66歲時去世

疑似因長年暴露在鐳放射線下而得病去世。瑪麗死後，伊雷娜及其丈夫也因為研究人工放射性元素而獲得諾貝爾獎。

沒辦法在德國居住，
於是搬到美國

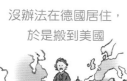

必須阻止納粹

聽說納粹正在開發原子彈以後，為了與其對抗，於是簽署文件，答應幫助美國研發。

居然對日本…
怎麼會這樣！

聽到美國對日本投下原子彈的新聞，內心深受打擊。

家中失火

因深受打擊而消沉了一陣子。

我寶貝的論文

寫成簡單易

60歲時，寫出一般人也容易理解的《光學》這本書。

咳咳……
身體不太舒服。

儘管身體狀況不佳，依然活力十足地鑽研學問。

也在大學裡任教，可是有不少學生表示課程太困難。

將科學應用在

晚年和妻子一起積極投身和平運動。1975年，向世界發表呼籲廢核的「湯川-朝永宣言」。

坐輪椅也要繼續

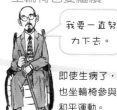

我要一直努

即使生病了，也坐輪椅參與和平運動。

70歲～

富蘭克林

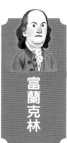

和華盛頓（P.114）、傑佛遜（P.114）這兩位之後成為總統的人物，共同成為獨立運動的領導者。

82歲時自政壇退休，開始書寫自傳。

太好了！
終於獨立了！

英國承認美國獨立，北美大陸東海岸的十三殖民地成為美國這一個國家。

發明上半部看遠、下半部看近的「遠近視兩用眼鏡」。

1790年，84歲時去世

親眼見到華盛頓就任美國第一任總統後，在費城撒手人寰。葬禮以國葬的規格舉行，參與人數多到連綿不絕。

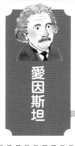

愛因斯坦

因病倒下

在病榻上，簽署了呼籲廢止核武的「羅素-愛因斯坦宣言」。

1955年，76歲時去世

簽署「羅素-愛因斯坦宣言」的一星期後去世。後人遵照他的遺言不建造墳墓，而是將骨灰撒在德拉瓦河上。

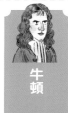

牛頓

坐轎子外出工作

只要我還活著，
就想繼續工作。

去世前，留下「我不過是在真理這片遼闊大海上，找到美麗的貝殼和小石頭，並為此感到欣喜罷了」這句話。

1727年，84歲時去世

直到去世前1個月，都還在皇家學會（英國的科學學會）擔任司儀。死後被葬在眾多偉人長眠的倫敦西敏寺。

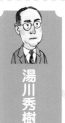

湯川秀樹

1981年，74歲時去世

接受癌症手術之後，依舊坐著輪椅出席促進和平的聚會，身體狀況不佳的他一直靠著毅力在支撐，最後仍因急性心臟衰竭死於家中。

還有我！

和湯川秀樹互相競爭的科學家

湯川秀樹有一個和他國中、高中、大學都是同學，名叫朝永振一郎的對手。秀樹獲得諾貝爾獎的16年後，朝永也成為第二位獲獎的日本人。

朝永振一郎

科學家的聯絡簿

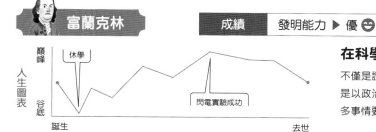

富蘭克林

成績	發明能力 ▶ 優	政治能力 ▶ 優	休息時間 ▶ 可

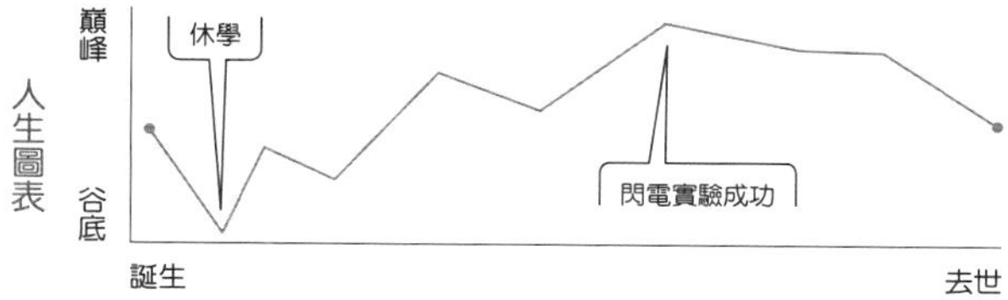

在科學和政治方面大放異彩的美國偉人

不僅是證明閃電是電，並創造出各種發明的超一流科學家，也是以政治家身分促成美國獨立的中心人物。只不過，因為有太多事情要忙，所以沒辦法完全專心進行自己喜歡的實驗。

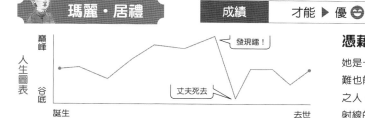

瑪麗・居禮

成績	才能 ▶ 優	努力 ▶ 優	健康 ▶ 可

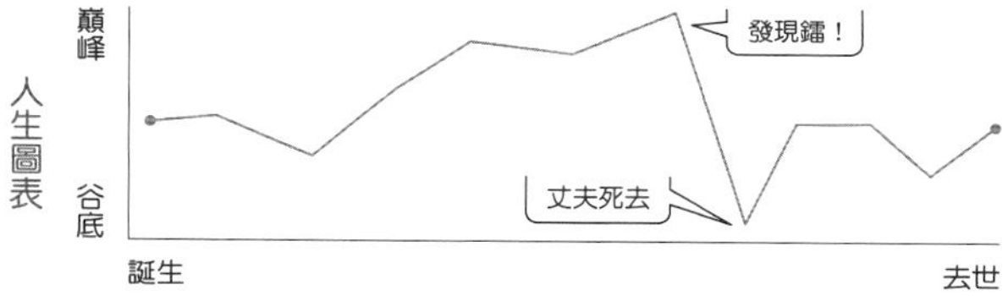

憑藉才能和努力發現鐳的女性科學家

她是一個靠自己學會閱讀、富有才能的孩子，也是即使處境艱難也能持續學習、成為科學家後仍繼續從事高負荷研究的努力之人。當時人們並不瞭解放射能的危險性，結果她因為受到放射線的影響而罹病。

愛因斯坦

成績	才華 ▶ 優	儀容 ▶ 可	運氣 ▶ 良

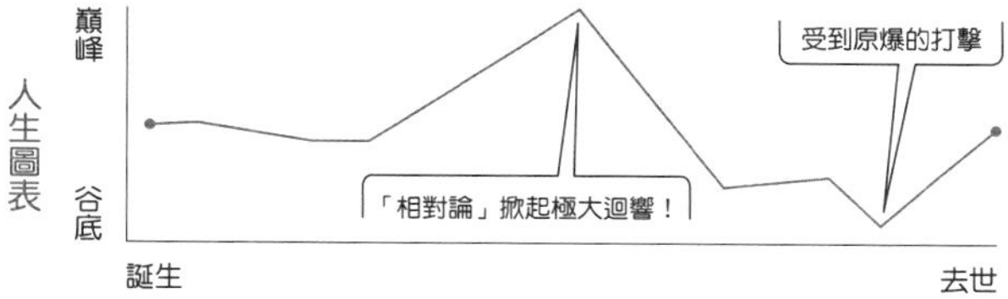

憑藉天才般的才華改變常識的理論物理學家

靠著罕見的豐富發想力，接連提出顛覆科學常識的重大發現。他總是頂著一頭亂髮、不修邊幅，還留下「要是包裝紙比內容物更有看頭，那就太淒涼了」這句話。受到納粹驅逐的他，也是一位被命運捉弄的偉人。

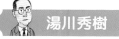

牛頓

成績	創意 ▶ 優	爆發力 ▶ 優	精神力 ▶ 可

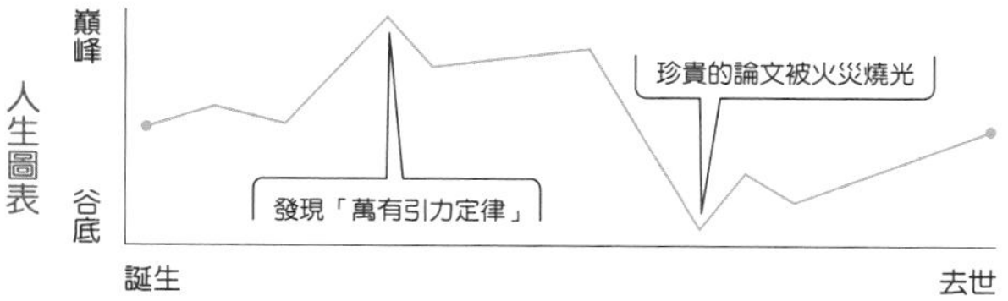

創造出牛頓力學的物理學巨擘

牛頓在 22 歲到 24 歲這短短幾年間，完成發現「萬有引力定律」、發明反射望遠鏡等多項成果，晚年雖然遇上了論文在火災中付之一炬等種種慘事，研究以外的工作卻也增加了。精神上有抗壓性低的一面，讓他的人生充滿許多煩惱。

湯川秀樹

成績	持久力 ▶ 優	戀愛 ▶ 良	人際關係 ▶ 可

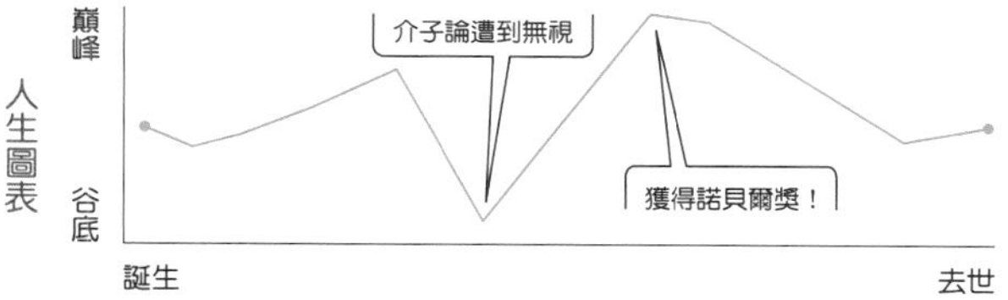

日本人首次獲得諾貝爾獎的希望之星

就如同他即使在被窩裡還是在想物理的事情一樣，他可以整天不停做研究的持久力，是他成功的關鍵所在。另外，全力支持湯川的妻子澄也給了他很大的幫助。孩童時期被叫「不說」的他，當上物理學家後依然不善與人交際。

偉人對決！1 兩人翻天覆地的激戰！

尼古拉・哥白尼

我發表的時間
比你早多了。

偉人資料

發想力	★★★★★
毅 力	★★★★★
勇 氣	★★★☆☆

懷疑當時的常識「天動說」，發表「地動說」理論

10歲時父親去世，被擔任神職人員的舅舅撫養長大。在大學學習神學和醫學，卻最喜歡天文學。知道除了以地球為中心思考的「天動說」之外，還有地球以太陽為中心轉動的說法（地動說），於是一邊擔任神職人員、一邊觀測天體。在沒有望遠鏡的時代，他毅力十足地觀察星星的移動，最後終於發現地動說的理論。

可是，由於否定天動說就等於是違背教會的教義，因此他有很長一段時間都無法發表，直到臨終前才決定出版這本寫下自己想法的《天體運行論》。

天體運行論
因為死前發行才不
會被教會罵呀！

尼古拉・哥白尼的

三大「厲害之處」

1 懷疑「天動說」的常識

2 沒有望遠鏡也能正確地觀測

3 偷偷出版書籍

1473年出生於波蘭的托倫。當時人們相信太陽和月球是以地球為中心轉動的，正是所謂的「天動說」。

雖然讀了很多書，
還是覺得天文學最
有趣～

用沙漏和羅盤來觀
測天體。

我很早就發現地球並非天體的中心。只是礙於教會的目光，遲遲無法發表自己的理論……

1543年，70歲時去世

在徒弟準備出版《天體運行論》的過程中染病，書完成後隨即離世。

V 誕 20 45 70

對決的

哥白尼發表地動說，是在伽利略出生的20年前。就他很早便

尼確實是略勝一籌。可是，掀起足以受到宗教審判的巨大迴響

「單擺等時性」這些優秀的發現，因此作為學者的評價是伽利

現在每個人都知道，地球是繞著太陽轉動的，可是古時候人們卻認為是太陽繞著地球轉。當初推翻那種想法的是這兩個人，那麼，他們究竟誰比較厲害呢？

伽利略・伽利萊

必須要有確實的證據才行！

偉人資料

發現力 ★★★★★
發明力 ★★★★★
勇 氣 ★★★★★

1564 年出生於義大利的比薩。當時，哥白尼的書雖然為人所知，卻沒有人公開否定「天動說」。

我有了大發現！如果單擺的繩子等長，那麼不管是大幅度晃動，還是小幅度晃動，晃動的時間都一樣！

我用自製的望遠鏡觀測天體！

寫了書卻被禁止發行……

1642 年，77 歲時去世

伽利略去世後，1992 年羅馬天主教會才終於承認他的論點。

使用自製的天文望遠鏡，證明「地動說」的正確性

他從年輕時就發揮了身為學者的才能，像是發現「單擺等時性」、「自由落體定律」等等。1609 年製造出天文望遠鏡，找到能夠證明地動說正確無誤的證據。那項發現必須要有可以看見月球表面的望遠鏡才能找到，因此他憑自己親眼目睹的事實，證明了哥白尼僅停留在理論階段的地動說。

伽利略將地動說的正確性整理成《關於托勒玫和哥白尼兩大世界體系的對話》這本書，卻因為違背聖經教義而受到宗教審判，被迫承認「我的想法是錯的」。

嗚嗚嗚…儘管如此，地球還是會轉動……

伽利略・伽利萊的三大「厲害之處」

1. 發現證明「地動說」的證據
2. 發現「自由落體定律」
3. 發現「單擺等時性」

總結

開始進行研究，並且也帶給伽利略一定的影響這一點上，哥白

的，是伽利略的研究。另外，伽利略還有「自由落體定律」、

略獲得了壓倒性的勝利。

更多比較！

名字變成單位的科學家

厲害的科學家之中，有不少人的名字成為「單位」留下來，而且至今仍為人們所使用。以下就來比較看看，成為電力與能量相關單位的偉人吧！

瓦特

1736年出生於蘇格蘭。全名是詹姆斯・瓦特。推動蒸汽機的發展，其名字成為功率和電力的單位。

大幅提升蒸汽機的性能，成為「工業革命」的原動力

小時候因為身體虛弱的關係，沒能去學校念書而在家自學，但是非常擅長數學。18歲時家道中落，瓦特為了今後的工作發展，前往倫敦學習製造科學器材的技術。習得技術的他，先是在格拉斯哥大學調整天文學的機械，後來在大學裡開設工作室。他在那間工作室裡，因為修理了利用水蒸氣的壓力產生動力的「紐科門蒸汽機」，結果成功開發出效率更高的蒸汽機。

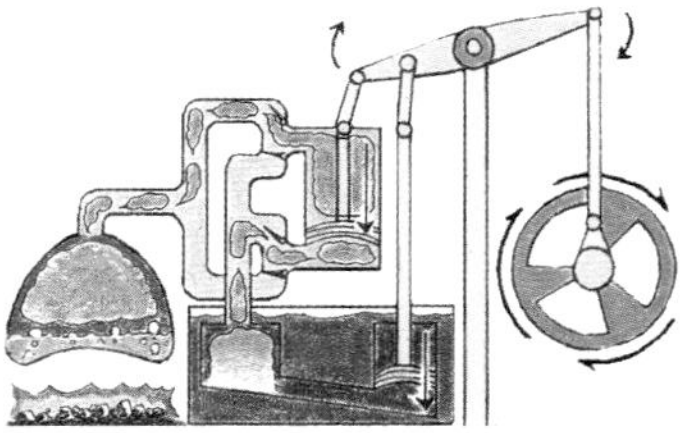

因為巧妙利用了冷卻水蒸氣時產生的動力，瓦特的蒸汽機，燃料使用量只有紐科門蒸汽機的4分之1。

瓦特的蒸汽機被應用在火車、船隻上，改變了產業的型態。他的功績受到認可，瓦特這個名字也因此成為表示燈泡亮度等的單位。

伏特

1745年出生於義大利。全名是亞歷山卓・朱塞佩・安東尼奧・安納塔西歐・伏特。其名字成為電壓的單位。

一生致力於研究電，發明世界首創的蓄電池

對電抱有非常強烈的興趣，還曾經在20歲時，重現他所尊敬的富蘭克林（P.8）的「閃電實驗」。接連發明「起電盤」等電力相關作品，成為物理學教授後正式展開研究。1800年，成功製造出世界第一個蓄電池。這個蓄電池是利用「只要讓兩種金屬和帶有水分的物品貼在一起，就會產生電」的這個現象製成。

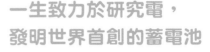

伏特電池

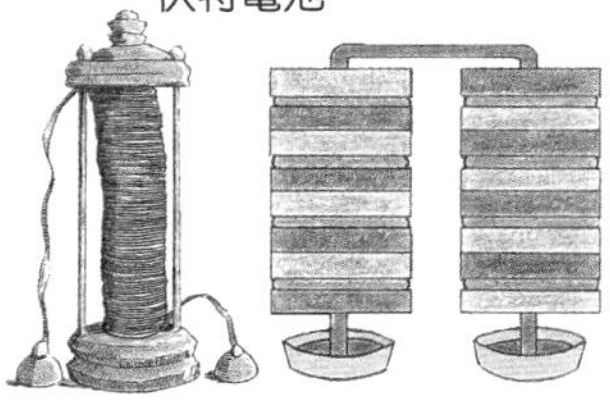

伏特所做的蓄電池的構造，是重疊銅板和鋅板，然後在中間夾入吸收了鹽水的布來製造電。

被稱為伏特電池的蓄電池立刻大獲好評，兩年後甚至受邀在拿破崙（P.104）面前進行公開實驗。因為立下製造人類第一個電池的功績，他的名字「伏特」成為表示電池電壓等的單位。

還有我們！成為單位的偉人

其實，別頁介紹過的偉人們的名字，也都成為了單位。比方說，愛因斯坦（P.8）被用來表示光子的質量，瑪麗・居禮（P.8）是放射能的單位，牛頓（P.8）是力的單位，帕斯卡（P.67）則是氣壓的單位。一起來找找除此之外還有哪些吧！

4人的單位符號

愛因斯坦	E（Einstein）
瑪麗・居禮	Ci（Curie）
牛頓	N（Newton）
帕斯卡	Pa（Pascal）

歐姆

1789年出生於德國。全名是格奧爾格・西蒙・歐姆。以「歐姆定律」聞名，其名字成為電阻的單位。

焦耳

1818年出生於英國。全名是詹姆斯・普雷斯科特・焦耳。其名字成為物理學上的功、能量和熱量的單位。

在高中教書的時候 發現了「歐姆定律」

在鎖匠父親的教學指導下進了大學，卻因為繳不出學費而暫時只能到瑞士當數學老師，命運十分坎坷。

順利回到大學念書、取得學位後不久，來到德國的科隆當高中老師，一邊教學一邊認真研究電。

他最大的發現「歐姆定律」的內容是：電流（流經的電量）會和電壓（讓電流動的壓力）成正比，卻會和阻力（電流流動的阻礙）成反比。也就是說，電流會隨電壓升高而加大，會隨阻力增大而變小。

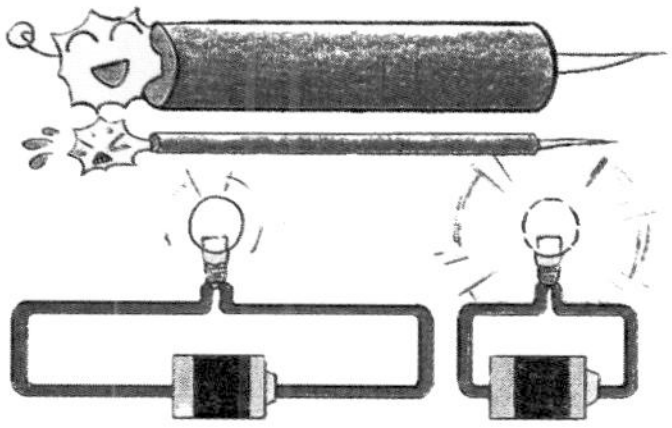

電線越粗，電壓越高，電流也會越強（左上插圖）。而電線越長，電阻越大，電流也會越弱（左下插圖）。

這番研究成果獲得讚賞，於是人們以歐姆的名字作為電阻的單位。歐姆定律也被利用在右圖的電阻器上，為控制電流帶來很大的幫助。

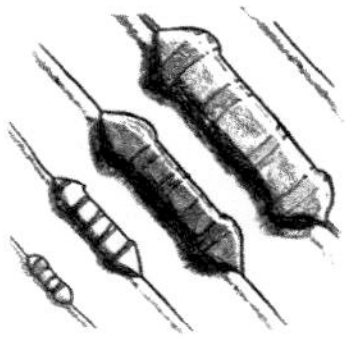

一邊從事釀酒事業，一邊研究「熱」和「功」

雖然身體孱弱、不曾上過學，但是從19歲左右起，便開始透過自家經營的釀酒業進行研究，1840年提出認為「電流流動時所產生的熱量，會受到電流和阻力的大小影響」的「焦耳定律」。

另外，他還發現，讓物體移動在物理學上稱為「功」，而功也會產生熱，可以用「做功量」來表現產生出來的熱量。

將重量約100g的物品舉到1公尺高的位置，這時的做功量可以用1焦耳來表現。

這項功蹟，讓「焦耳」這個名字成為人們用來表示能量的單位。

在外國，焦耳經常被用來取代卡路里，作為標示食品熱量的單位，我們也可以在進口食品的標籤上看到這樣的標示。

PART 2

冒險家的比較

懷著強烈的好奇心和巨大的勇氣，到異國、極地旅行，或是發揮嶄新的創意和技術飛向天空。雖然統稱為冒險家，他們的功績卻各有不同。讓我們來比較看看，5位冒險家們波瀾萬丈的一生吧！

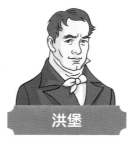

偉人檔案		誕生
 洪堡	1769年出生。全名是亞歷山大・馮・洪堡。前往美國、亞洲進行探險、調查，在動植物、氣候等領域發表過許多著作和論文，建立了近代地理學的基礎。哥哥威廉是語言學家。	生於德國柏林，是貴族世家的次子。從小家境富裕，和哥哥一起在城堡中長大。父親為人敦厚溫柔，母親卻冷酷傲慢，對兩兄弟非常嚴格。
 萊特兄弟	哥哥威爾伯・萊特（左）生於1867年，弟弟奧維爾・萊特（右）生於1871年。兩兄弟一邊經營自行車店，一邊著手研發飛機。成功讓人類史上第一架動力飛機飛上天空，將在空中冒險的夢想化為現實。	威爾伯出生於美國印第安那州，是萊特牧師的第三個兒子。4年之後，四男奧維爾在俄亥俄州出生。 
 約翰萬次郎	1827年出生。在日本鎖國期間前往美國，學習英文和航海術。回國後為幕府工作，擔任外國使節團的口譯人員，表現活躍。此外，也是編寫日本第一本正式英語教科書的人。本名是中濱萬次郎。	出生於土佐（即現在的高知縣），是貧窮漁夫的次子。9歲時父親過世，從小就得幫忙母親工作。 
 阿蒙森	1872年出生。全名是羅爾德・阿蒙森。他達成眾多冒險事蹟，像是樹立西北航道、抵達南極點的第一人、搭乘飛行艇橫越北極等等。曾和英國的史考特隊、日本的白瀨隊爭奪誰先抵達南極點。	他出生於海運業興盛的挪威首都奧斯陸外的城鎮，崇拜擔任船長的父親。然而，父親卻在阿蒙森14歲時去世。母親希望他成為醫生，不要當船員。
 植村直己	1941年出生。是一位不斷勇於挑戰極限、具代表性的日本冒險家，曾經登上五大陸最高峰、搭乘狗雪橇單獨抵達北極點、單獨登上嚴冬時期的麥金利山等等。獲得國民榮譽獎、勇敢運動員獎等獎項。	出生在面向日本海的兵庫縣城崎郡日高町，是6名姊弟之中的老么。父親從事農業，是地方上首屈一指的大地主。 

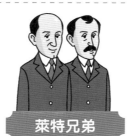

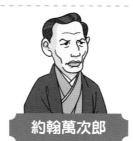

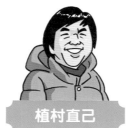

要好好讀書，
成為了不起的人！

在注重教育的母親的方針之下，兩兄弟從小就接受家庭教師的指導。

溫柔的父親過世

母親變得更注重教育了。

18歲進入大學就讀。學習礦山學、文學、自然科學、考古學、測量學、地質學等等，尤其熱中學習植物學。

哇啊～飛上天了！
這是怎麼辦到的？

哥哥11歲、弟弟7歲時，父親送他們一個玩具螺旋槳，兩人從此對飛翔產生興趣。

弟弟是夢想家，哥哥則是現實主義者，兩人的個性完全相反。

哥哥18歲時受了重傷，於是從高中輟學，但仍繼續自學科學和數學。

到武士家工作

14歲時和同伴去捕魚，結果遇難，從無人島上的艱苦生活存活下來，143天後才被美國的捕鯨船救起。

救命啊～

將危機化為轉機！
我要在美國用功！

由於日本正在鎖國，萬次郎等人無法回國，於是深得船長喜愛的他便前往美國了。

從小聽擔任船長的父親講述冒險故事。

深受英國探險家約翰・富蘭克林的探險記感動，15歲時立志成為探險家。

為了成為探險家，
我要好好鍛鍊身體！

高中時，他為了打造強健不畏寒冷的體魄，即使冬夜也開窗睡覺。

每天都要照顧牛隻

幫忙家業！

他曾是一名調皮搗蛋的少年。高中時期還會抓學校池塘裡的鯉魚來吃，有著適合野外求生的一面……。

加入明治大學的登山社。由於體型矮小又圓滾滾，經常因為行李的重量而跌倒，於是便有了「橡實」的綽號。

20歲	25歲

洪堡

世界上有好多我
不知道的事情！

大學時代和朋友一起到外國旅行，開啟了洪堡對冒險的渴望。

學習到地質學
和地形學呢！

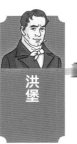

依照母親的期望到礦山局工作。儘管工作順利，對於冒險的熱情依舊未減。

26歲時母親去世。他繼承了母親的遺產，作為冒險資金。

萊特兄弟

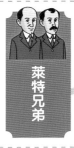

首先要存錢！

為了存錢打造飛機，兩人修理、販賣自行車，並且親手製造印刷機，發行當地的報紙。

哥哥29歲、弟弟25歲時，開始著手製造飛機。

雖然總是失敗，但
我們絕對不放棄。

一面請教航空學權威蘭利教授等人，一面反覆進行超過1千次的實驗。

約翰萬次郎

我成為船長的養子，努
力讀書和工作，大家都
叫我「約翰」喔！我在
學校的成績排名第一，
畢業後成為捕鯨船的導
航員。然後……我決定
回去日本！

媽媽，我好想妳啊！

要回到正在鎖國的日本並不容易。他花了大約兩年接受調查，25歲時才終於回到母親身邊……

向主公提供外國資訊

阿蒙森

這裡是哪裡？
我迷路了！

22歲時，橫越廣大雪原的冒險失敗了……。有了這次經驗，之後他變得非常重視準備。

取得船長的資格

準備OK！

快點付錢
～～！！

為了出發尋找期待已久的西北航道，他借錢買了小船。

植村直己

我每天早上6
點起床，爬山
鍛鍊身體！

因為登山社太辛苦，社員們紛紛退社，但是直己卻成長為一年有130天都待在山裡的堅強山男。

為了籌措冒險資金努力打工

終於征服五大陸
的最高峰！

25歲時，單獨登上歐洲最高的白朗峰。之後，他又陸續征服非洲、南美、亞洲、北美的最高峰。

太棒了！終於可以去冒險了！

29歲時靠著龐大遺產，和植物學家邦普蘭等人出發前往美洲大陸。

大約5年的冒險期間，我發現了3千種以上的新物種。此時我發現的海流被命名為「洪堡海流（秘魯海流）」。

冒險成功，成為名人

以英雄身分生還歸來！

我們終於成功飛上天空了！

哥哥36歲、弟弟32歲時，終於完成人類史上第一次的載人動力飛行。首次飛行時間為12秒，飛行距離為36公尺。

真的可以飛上天空！請大家相信我們！

起初沒有人相信兩人成功，但他們進行好幾次實驗飛行，證明了自己的高度技術。

世界首架軍用機！

終於受到軍方認可！

回國後，我成為土佐藩校的老師，之後在江戶擔任幕府官員。除了教大家英文和造船技術外，我也從事口譯的工作。

當外國使節團的口譯人員

啊～！以藏先生救救我！

因為擔任口譯人員的關係，成為排洋武士的索命對象。人稱「人斬以藏」的岡田以藏曾擔任他的護衛。

冒險大成功！我花了3年時間橫渡北極海喔！而且還從太平洋穿越加拿大北方，發現抵達大西洋的新航道「西北航道」！

阿蒙森隊
史考特隊
白瀨隊
我才不會輸給日本和英國哩！

38歲時，他和英國的史考特、日本的白瀨，爭奪誰能成為世界第一個抵達南極點的人。

率先抵達南極點！

我和因紐特人共同生活了1年。

將接下來的冒險鎖定在北極和南極，他向在酷寒中生活的因紐特人學習駕駛狗雪橇和狩獵的方法。

33歲時結婚

因紐特的狗雪橇幫了大忙！

37歲時，從哥倫比亞角出發前往北極點。他堅持「獨行」，獨自完成這一趟世紀大冒險。

45歲　　50歲

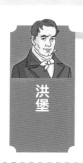

洪堡

在巴黎從事寫作

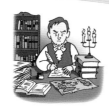

開會好無聊……
真想快點寫書。

雖然連睡覺時間都想用來寫書，卻有許多會議非出席不可。

接下來要去哪裡呢？

計畫展開新的冒險，卻因為戰爭而中止。

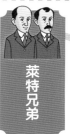

萊特兄弟

向模仿機翼設計的對手公司提告。

1912年哥哥威爾伯去世，享年45歲

為了保護兄弟倆所製造的飛機技術專利，哥哥一直和競爭對手們在法庭上搏鬥，大概是太勞心傷神了，年僅45歲便撒手人寰。

史密森尼學會的蘭利教授等人，主張自己的飛機才是世界首創。

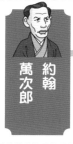

約翰萬次郎

接下來是英文的時代！

在開成學校（現在的東京大學）教英文。並且留下日本第一本英語教科書《英美對話捷徑》。

去歐洲出差途中和船長夫婦重逢

因病辭去工作

我的任務結束了……

阿蒙森

籌措冒險資金

挑戰搭乘飛行船橫越北極！

買下飛行船，和義大利飛行員諾比萊等人成功橫越北極，證明北極沒有大片陸地。

要怎麼還錢呢……？

阿蒙森雖然成為英雄，卻被企圖獨占橫越北極這項功績的諾比萊等人討厭，再加上欠了很多錢，所以54歲就退休，不再當探險家。

植村直己

我接下來想去南極的說……

計畫去南極冒險，但因為南極大陸附近發生戰爭而未能獲准。

進行新挑戰，卻在隆冬的山中失去音訊

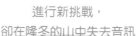

1984年，43歲時去世

放棄前往南極後，直己決定挑戰成為單獨在隆冬登上麥金利山的世界第一人。儘管成功攻頂，隔天卻失去音訊。兩個月後，在本人不在的情況下獲頒國民榮譽獎。

55歲　　60歲　　65歲

57歲時，回到故鄉柏林，在大學開堂授課61次。地理學和天文學的課程大獲好評，寬敞的會場總是座無虛席。

第二次的大冒險！夢想終於實現了！

59歲時受俄羅斯政府委託，出發前去調查烏拉山脈，足跡深入中亞內陸。

《新大陸熱帶地區旅行記》完成

這是一共30冊的大作！

夠了，我已經累了……還是悠哉一點吧……

哥哥過世和世人的批判讓弟弟感到疲憊，於是決定把飛機公司賣掉，並且退出飛機的開發，和妹妹的孩子們快樂度日。

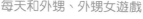

每天和外甥、外甥女遊戲

兄弟的偉業終於獲得認同，61歲時，讚揚萊特兄弟的紀念碑落成。

老後和長子一家同住，悠閒地度過餘生。

我真是活躍！

以他為主角的歌舞伎《土佐半紙初荷艦》上演。

有困難時要互相幫忙！

雖然曾經被人批評「小氣」，但其實他是重視節約，還會分送食物給窮人。

我馬上就去救你！等等我啊！

聽說「諾比萊在北極遇難」，他馬上忘掉之前的不愉快，開著水上飛機去救人。

1928年，55歲時去世

水上飛機在前往救援諾比萊的途中墜落，諾比萊最後雖然得救了，阿蒙森卻沒能活著回來。他所發現的航道和飛行航線，直到現在依然是船隻和飛機的通道。

什麼都要比排行榜！

世界七大陸的最高峰之中，以聖母峰的高度最高。當初植村直己征服五大陸最高峰的時候，眾人以為歐洲大陸最高峰是白朗峰（4810m），但現在最高峰已由厄爾布魯士山取代，不過直己也曾單獨攻頂厄爾布魯士山。另外，直己失去音訊的麥金利山，已於2015年改名為原住民的稱呼「丹奈利峰」。

世界七大陸的最高峰排行榜

1. 亞洲大陸「聖母峰（8849 m）」
2. 南美大陸「阿空加瓜山（6959 m）」
3. 北美大陸「丹奈利峰（6190m）」
4. 非洲大陸「吉力馬札羅山（5895m）」
5. 歐洲大陸「厄爾布魯士山（5642m）」
6. 南極大陸「文森山（4892m）」
7. 澳洲大陸「科修斯科山（2228m）」

70歲～

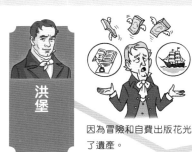

洪堡

因為冒險和自費出版花光了遺產。

好想在死前完成這本書……

一邊和老化對抗，一邊傾力撰寫被譽為地理書金字塔的《宇宙》。

1859年，89歲時去世

在《宇宙》完成之前病倒，死後舉國為他舉辦盛大的葬禮。

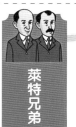

萊特兄弟

終於讓他們認可了！真是一場漫長的戰爭啊……

71歲時，史密森尼學會認同弟弟的主張，兄弟倆的飛機被認定為世界首創。至今，他們的飛機仍在史密森尼博物館裡被展示。

1948年，弟弟奧維爾於76歲時去世

弟弟奧維爾因心臟病發作去世。兄弟倆終生未婚，兩人一起被埋葬在弟弟生前最後居住的俄亥俄州的墓地裡。

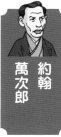

約翰萬次郎

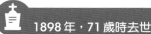

1898年，71歲時去世

因腦溢血而宛如睡著般平靜地過世。他為了促進日美交流所做的努力，至今依舊被傳承下來，像是在美國生活過的都市和土佐清水市於1987年結為姊妹市等等。

還有我們！

飛向未知宇宙的冒險家

外太空冒險也是一段美國和蘇聯（現在的俄羅斯）之間的太空開發競賽歷史。1961年，首先由蘇聯的尤里・加加林搭乘東方一號抵達外太空。被人領先的美國開始加強太空開發研究，之後在1969年，尼爾・阿姆斯壯船長等3人搭乘阿波羅11號登陸月球。

冒險家專欄

要成為偉大的冒險家，需要什麼樣的資質呢？

要當一個挑戰未知的冒險家，需要各式各樣的才能。首先要有高度的「技術」和「體力」才能面對困難的課題，另外「知識」和「語言能力」同樣也是不可或缺。然後最重要的，是必須要有對未知事物的旺盛「探究心」、踏實的努力，以及不畏失敗的「精神力」。至於令冒險家們煩惱的「冒險費用」，據說阿蒙森和植村直己也都為了籌措資金吃過不少苦頭。

技術和體力　知識和語言能力　探究心和精神力　冒險費用

還有我們！

探訪神祕海底的冒險家

法國的雅克-伊夫・庫斯托因為「想像魚一樣在海中游泳」而開始研究，最後在1943年開發出世界第一具潛水呼吸裝置。瑞士的雅克・皮卡爾則是和父親一起在1953年，搭乘潛水艇「特里亞斯特號」潛入深海3150公尺。1960年更潛入世界最深，深達1萬916公尺的馬里亞納海溝。

冒險家的聯絡簿

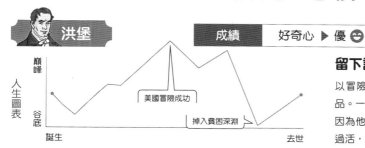

洪堡

成績	好奇心 ▶ 優 😄	記錄能力 ▶ 優 😄	規劃能力 ▶ 可 😟

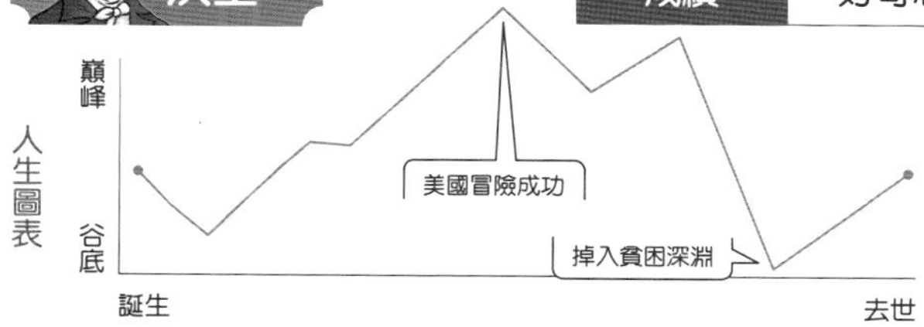

留下許多著作的近代地理學之祖

以冒險家身分創造亮眼實績，同時也以作家身分留下許多作品。一生共寫了80本以上的著作，以及約500本的論文。但是因為他把錢全都花在出版書籍和冒險上，老年只能靠微薄年金過活，所以規劃能力似乎大有問題。

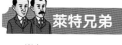

萊特兄弟

成績	兄弟情誼 ▶ 優 😄	戀愛 ▶ 可 😟	規劃能力 ▶ 優 😄

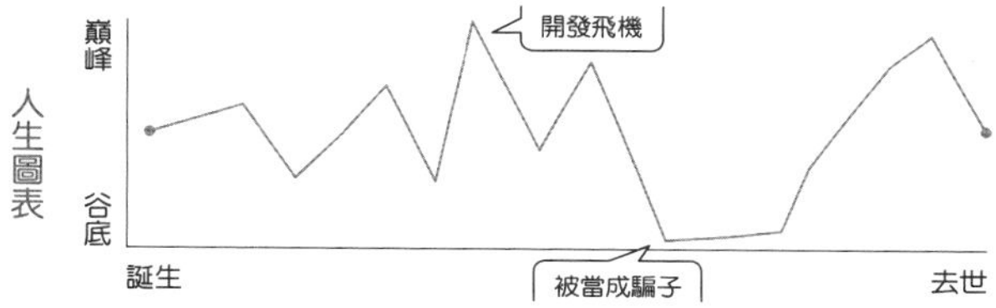

有計畫地實現飛翔的夢想

不同於許多冒險家都為錢所苦，萊特兄弟可以說和貧窮扯不上關係。不僅在自己決定好的預算內完成飛機的研究，製造出來的飛機也很順利地賣出去。如此務實的他們，大概對戀愛不感興趣吧？兩人終生都單身未婚。

約翰萬次郎

成績	毅力 ▶ 優 😄	適應力 ▶ 優 😄	運氣 ▶ 可 😟

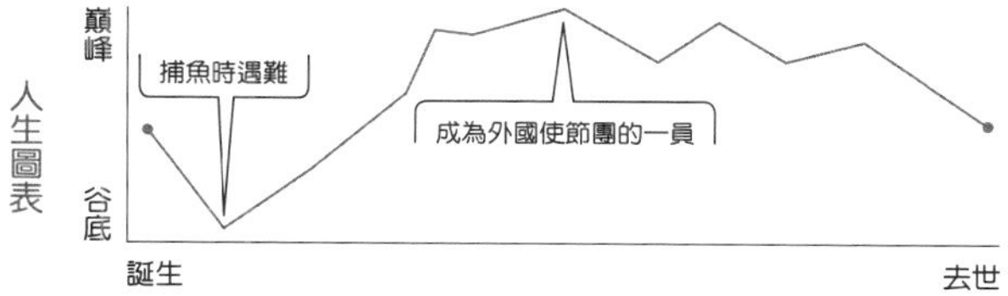

在異國積極努力，最終出人頭地的苦命人

在美國生活的時候，曾因為是日本人而遭受歧視。但是他並沒有因此受挫，反而努力念書，學習許多在當時的日本無法獲得的知識。那些知識讓他破例從一個漁夫，被拔擢成為幕府的官員（武士）。

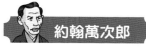

阿蒙森

成績	萬能性 ▶ 優 😄	資金力 ▶ 可 😟	規劃能力 ▶ 優 😄

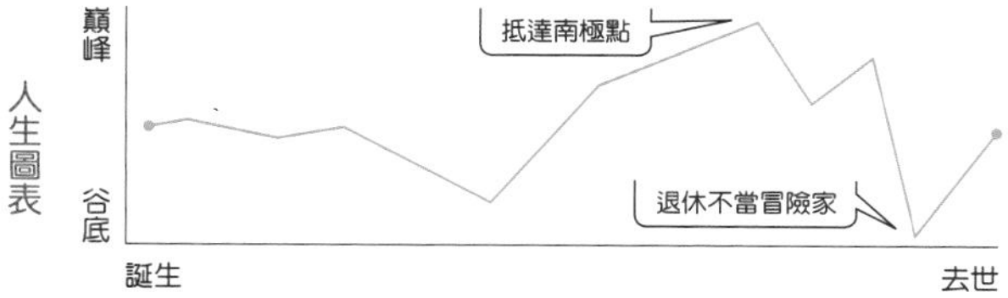

在陸、海、空達成「世界創舉」的萬能之人

阿蒙森總是在做好周全的準備之後才去冒險，而這樣的作風，為他在陸、海、空3個領域的冒險帶來了成功。不過另一方面，身為冒險家的他並沒有很多資金，經常得為了籌錢到處奔波，甚至欠下大筆鉅款。

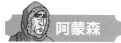

植村直己

成績	精神力 ▶ 優 😄	彈性 ▶ 良 😐	規劃能力 ▶ 可 😟

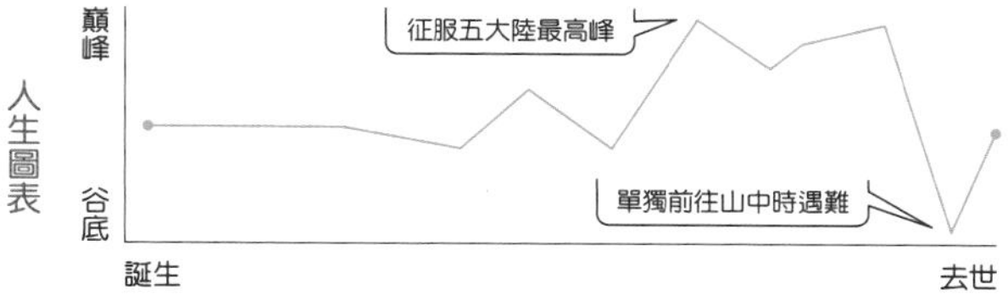

堅持獨行的日本代表性冒險家

植村直己喜歡一個人冒險（獨行）。雖然獨自冒險比團隊行動要辛苦好幾倍，但那正是激勵他前進的原動力。可是，最後他卻在獨行途中遇難，沒能實現「單獨抵達南極點」的夢想。

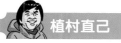

偉人對決！2 製作日本地圖的師徒是對手！

伊能忠敬

老夫可是
測量了
全日本喔！

偉人資料

好奇心 ★★★★★
毅力 ★★★★★
健康 ★★★☆☆

50歲之後才開啟大事業，不屈不撓走遍全日本的偉人

伊能忠敬17歲入贅伊能三郎右衛門家，之後認真工作，成為村裡的領主。50歲起開始過著隱居生活，埋首研究自己最愛的天文學。因為有了「想知道地球的大小」的願望，於是在幕府的許可之下，開始著手測量蝦夷地（北海道）。

以步幅測量製成的蝦夷地東南側的地圖十分正確，於是幕府又委託他測量其他地區，直到他73歲去世為止，即使身懷宿疾，他仍堅持走遍全國進行測量。忠敬死後3年，徒弟們替他完成了名為《伊能圖》的日本全國地圖。

辛苦有了代價，
日本地圖
總算完成了！

1745年，出生於千葉縣的富裕家庭。好奇心旺盛、喜歡讀書，是村裡公認的數學高手。

入贅從商的伊能家後
生活忙碌，大大拓展了
伊能家的家業！

雖然很想隱居鑽研自己喜歡的學問，卻當上村裡的領主……為了大家的幸福，得繼續努力工作才行。

終於可以隱居了！
接下來我要去測量
全日本！

1818年，73歲時去世

即使年邁仍走遍全日本持續測量，最後終於在73歲時用盡力氣，將未完成的事業託付給徒弟們。

伊能忠敬的測量法 三大「厲害之處」

1. 以步幅正確地測量距離
2. 自製嶄新的測量器具
3. 總計走了3萬5千公里以上

對決的

伊能忠敬測量日本全國，間宮林藏則是測量日本北方。以測量忠敬一人也無法製作出日本地圖，必須借助冒險完成北方探外，對於世界地圖的製作也有所貢獻。

伊能忠敬和間宮林藏測量日本各地、做成地圖，讓人得以一窺其形狀和大小。身為製作日本地圖的偉人，究竟誰比較厲害呢？讓我們一同回顧兩人的主要功績，思考看看吧！

S 間宮林藏

偉人資料

頑固 ★★★★★
毅力 ★★★★★
幽默 ★★☆☆☆

主

1775年（也有一說是1780年），出生於茨城縣的貧窮農家。是個精力十足又有耐力的孩子，和伊能忠敬一樣擅長數學。

歲

我年紀輕輕、25歲就去測量蝦夷地了！

歲

喔喔喔！原來樺太是一座島啊！很好，不要輸給寒冷的天氣，就這麼繼續前往德愣進行調查吧！

自冒險旅途歸來後，成為幕府的「隱密（間諜）」！

歲

1844年，69歲時去世

晚年因身體孱弱，辭去「隱密」的工作，在江戶過著隱居生活，之後於1844年過世。

挑戰探索極寒之地樺太！揭開北方地區神祕面紗的鐵人

間宮林藏向伊能忠敬學習測量技術，探索了蝦夷地和樺太（庫頁島）。忠敬雖然走遍了全日本，卻沒有測量蝦夷地的西北側，測量蝦夷地西北側的是林藏。林藏出發前往測量蝦夷地是在25歲時，那裡到處都是荒地，極度難以測量。

後來，他又去人們一直以為是半島的樺太探險，不僅確認樺太是沒有和大陸相連的島嶼，還去了西伯利亞，調查設有清國官廳的「德愣」這個地方。結束樺太探險之後，他成為幕府的「隱密（間諜）」，在全國四處奔波。

間宮海峽
樺太的海峽被取名為「間宮」喔！

總結

範圍來看，製作地圖的對決應該是師父忠敬獲勝。但是，只有
險的林藏之力才行。另外，完成樺太探險的林藏除了日本地圖

間宮林藏
三大冒險事蹟

1. 確認樺太是島嶼！
2. 發現間宮海峽！
3. 前往西伯利亞調查「德愣」！

更多比較！

大航海時代的冒險家們

15～17 世紀是一個歐洲冒險家們紛紛奔向大海，完成發現新大陸等各種偉業的時代。接著，就來比較一下活躍於大航海時代前後的偉人們的一生吧！

馬可・波羅

1254 年左右出生於義大利的威尼斯。將旅行亞洲的經驗集結成《東方見聞錄》這本書，把亞洲的文化介紹給歐洲。

因亞洲遊記一躍成名！大航海時代冒險家們的先驅

父親是旅行世界各地的貿易商人，和元朝皇帝忽必烈（P.109）也認識。馬可 17 歲時，和要去見忽必烈的父親一起從故鄉啟程，騎乘駱駝橫越廣大的沙漠，後來，好不容易抵達元朝的馬可受到忽必烈的喜愛，開始在亞洲各國四處旅行。

馬可・波羅橫越了大沙漠，前往元朝。他雖然沒有造訪日本，但是在《東方見聞錄》中將日本稱為「黃金之國」。

他返回威尼斯是在 40 歲左右，之後加入戰爭、成為俘虜，被送進了監獄。在那裡，他請同為囚犯的作家寫下自己的經驗談，而那便是有名的《東方見聞錄》。他的遊記成為珍貴的亞洲資料，更是哥倫布等知名冒險家對亞洲心生嚮往的契機。

哥倫布

1451 年左右出生於義大利的熱內亞，全名是克里斯多福・哥倫布，是第一個踏上美洲大陸的歐洲人。

史上首次成功橫渡大西洋！夢想前往黃金之國的船員

受到馬可・波羅的影響，對東方各國心生嚮往，於是決定橫渡大西洋。當時還沒有人橫渡過大西洋，但是他認為「既然地球是圓的，只要從歐洲往西走，就一定會抵達東方島嶼」，於是歷經約兩個月艱難的航海之旅，他終於成功橫渡大西洋。不過，哥倫布一直以為自己抵達的島嶼是印度，但實際上卻是美洲大陸。

哥倫布於1492 年從西班牙出發，朝向東方航行。由於航海成功將可獲得龐大的利益，因此西班牙女王替他出了旅行資金。

回國後，被人嘲笑「你也不過就是搭船渡海了而已」的哥倫布，反問了一句：「你有辦法把這顆蛋立起來嗎？」接著，他在不知所措的對方面前敲破蛋的底部、將蛋立起，告訴對方「就算是看似簡單的事情，一開始要去實行同樣也很困難」這個道理。

還有我們！大航海時代的偉人們

大航海時代還有許許多多的偉人。比方說，葡萄牙的恩里克王子贊助野心勃勃的冒險家們資金，致力於發展航海技術，造就了大航海時代的來臨。
另外，巴爾托洛梅烏・迪亞士是抵達非洲南端的第一人，開創了通往亞洲的路線。
然後瓦斯科・達伽馬則是通過迪亞士命名為「好望角」的海岬，成功遠航抵達印度。
正因為有這些冒險家創造出永垂青史的功績，歐洲各國的勢力才得以在全世界不斷擴大。

麥哲倫

1480年左右出生於葡萄牙，全名是斐迪南・麥哲倫，以發現連結太平洋和大西洋的「麥哲倫海峽」聞名。

詹姆斯・庫克

1728年出生於英國，3度進行大規模航海，取得發現好幾座島嶼等眾多成果，人稱「庫克船長」。

開拓前往香料群島的道路，指揮人類首次環球航行的艦隊司令

大航海時代，西班牙致力於開拓航道，希望能夠前往可取得珍貴香料的印尼摩鹿加群島，而接下這個重責大任的人就是麥哲倫。
39歲時，為了開拓新航道，麥哲倫率領了5艘艦隊展開航行。

麥哲倫於1519年從西班牙出發，通過南美大陸南端的海峽，橫渡太平洋。接著不斷往西前進，航行地球一周。

歷經船員叛亂、糧食短缺等各式各樣的難關，眼看航海即將成功，麥哲倫卻和菲律賓島的原住民起了爭執，遭到殺害。失去領導人的船員們設法找到摩鹿加群島，於1522年返抵西班牙。麥哲倫雖然達成了航行世界一周的壯舉，卻也造成眾多犧牲，出發時原本有265名船員，到最後只剩下18名。

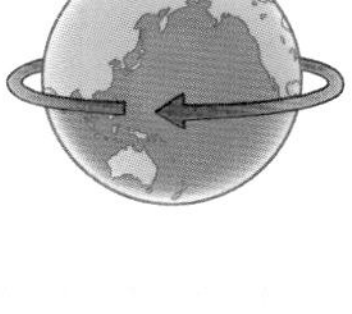

憑著卓越的調查能力表現活躍！出身英國的天才船長

他第一次大規模航海是在39歲時。除了從太平洋上觀測金星這個學術目的之外，還有一個目的是探索南太平洋。順利觀測完金星以後，庫克開始探索南太平洋並抵達紐西蘭，製作了周邊地區的海圖。

庫克第一次的航行，是1768年從英國出發。經過大溪地、紐西蘭、澳洲等航行世界一周，於1771年歸國。

另外，他還踏上澳洲這片神祕的大陸，仔細地進行調查。庫克也是史上第一個發現袋鼠的歐洲人。
43歲時他再度以探險為目的展開大規模航海，成為首位進入南極圈的歐洲人。
48歲時出發進行第三次航行，雖然登陸了夏威夷群島，卻因為和原住民起了衝突而遭到殺害。

PART 3

音樂家的比較

在音樂家之中，作曲家是一群創造音樂的人。為了譜出優美的旋律，他們是如何學習的呢？作曲時，又受到什麼樣的事情影響？就讓我們來比較看看，這些在音樂史上留名的作曲家的一生吧！

偉人檔案		誕生

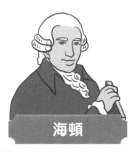

海頓

1732 年出生，全名是法蘭茲・約瑟夫・海頓。長年侍奉貴族愛斯特哈澤家，創作出許多曲子。他的弦樂四重奏曲《皇帝》的旋律，被使用在德國的國歌中。

出生在奧地利靠近匈牙利邊境，一個名叫羅勞的小村莊，是車匠父親和廚師母親的第二個孩子。

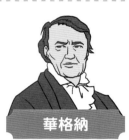

華格納

1813 年出生，全名是威廉・理察・華格納，留下好幾部傑出的歌劇作品。他的歌劇融合了文學、戲劇、美術的元素，被稱為「樂劇」，令許多人為之著迷。

拿破崙戰爭期間，出生於德國的萊比錫。父親是政府官員，愛好音樂。華格納是家中的第九個孩子。

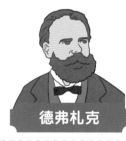

德弗札克

1841 年出生，全名是安東寧・利奧波德・德弗札克。擁有創造優美旋律的高度才華，代表作第九號交響曲《來自新世界》在世界各地一再被演出，是無人不知的名曲。

出生於捷克一個名為內拉霍奇夫斯的鄉村小鎮，家中經營肉鋪，家境清寒。德弗札克是7個孩子中的長子。父親愛好音樂，叔叔是附近一帶知名的小號樂手。

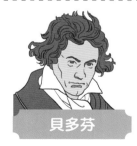

貝多芬

1770 年出生。全名是路德維希・范・貝多芬。承襲海頓、莫札特（P.42）的音樂流派，並使其發揚光大。儘管受耳疾所苦，依舊不屈不撓地持續作曲。

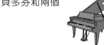

出生於德國的波昂，父親是愛喝酒的宮廷歌手，父母一共生了7個孩子，但是能夠長大成人的只有貝多芬和兩個弟弟。

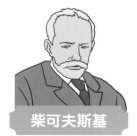

柴可夫斯基

1840 年出生。全名是彼得・伊里奇・柴可夫斯基。被譽為「節奏天才」，在交響曲、芭蕾舞音樂、歌劇等眾多領域都創作出優秀的作品。代表作有《天鵝湖》、《睡美人》等等。

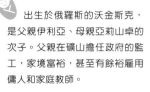

出生於俄羅斯的沃金斯克，是父親伊利亞、母親亞莉山卓的次子。父親在礦山擔任政府的監工，家境富裕，甚至有餘裕雇用傭人和家庭教師。

孩童時代 15歲

歌藝受到全村好評

6歲開始，在擔任音樂學校校長的親戚法蘭克叔叔身邊學習音樂。

由於歌聲優美，加入歷史悠久的聖史蒂芬教堂的兒童合唱團，移居維也納。

父親、姊姊、祖母去世

母親再婚的對象從事演員和畫家等工作，是個藝術才能十分豐富的人。

9歲時，看了著名歌劇《魔彈射手》後深受吸引，因此嚮往成為歌劇作曲家。

14歲時，聽了貝多芬的《第九號交響曲》後決定成為作曲家。

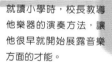

就讀小學時，校長教導他樂器的演奏方法，讓他很早就開始展露音樂方面的才能。

經過兩年的學習，取得成為肉販的正式資格。父親想讓他繼承家業，但叔叔幫他說服了父親。

進入布拉格的風琴學校

以優秀成績畢業。

從小就非常有音樂才華，但是每天都被迫接受父親嚴格的鋼琴特訓。

7歲時在演奏會上演出

父親為了誇大貝多芬的厲害，在演奏會上謊稱他是6歲。

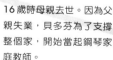

16歲時母親去世。因為父親失業，貝多芬為了支撐整個家，開始當起鋼琴家庭教師。

4歲時，用父親買的名為自動風琴的音樂演奏機，入迷地聆聽音樂。

非常擅長鋼琴

只要有人稱讚自己的演奏，就會很高興。

10歲時進入法律學校就讀，離開父母身邊開始學習法律。

20歲　25歲

海頓

美妙的歌聲

因為變聲，17歲時離開兒童合唱團。

努力是不會

一邊在小型樂團演奏，一邊學習作曲，踏實地提升身為音樂家的評價。

和瑪麗亞・安娜結婚

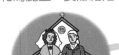

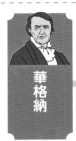

華格納

開始學習音樂

向教會的聖歌隊隊長狄奧多學習作曲。

擔任市立歌劇院的指揮和音樂總監，23歲時和劇團的招牌女星米娜結婚。

沒有穩定的工作，
不斷向人借錢……

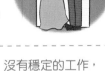

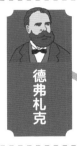

德弗札克

學校畢業後，靠著演奏中提琴和當家庭教師教鋼琴勉強餬口。

因失戀而深受打擊……

這時雖然很窮，但是我以演奏者身分，參與了華格納的演奏會和史麥塔納的歌劇演出。他們兩人都是偉大的作曲家，給予我很大的刺激。

貝多芬

受到海頓老師
的認可！

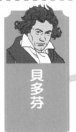

21歲時，他的作曲才能被海頓賞識，之後還接受海頓的作曲指導。

我的鋼琴演奏功力

移居音樂之都維也納，24歲時在城堡劇院演奏鋼琴，成為有名的音樂家。

聽力開始變差

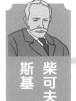

柴可夫斯基

開始在法務部工作……

我要靠最愛的音
樂賺錢餬口！

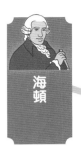

忘不了對音樂的熱情，於是開始正式學習音樂，23歲時辭去法務部的工作。

和知名歌手黛澤蕾・阿爾托墜入情網，但是阿爾托最後嫁給其他男人。

30歲　　35歲　　40歲

成為貴族樂團的音樂總監

哇啊，好豪華的宮殿喔……！

隸屬的樂團解散。侍奉匈牙利位階最高的貴族愛斯特哈澤家，擔任音樂總監。

侍奉愛斯特哈澤家，讓我的評價一口氣高漲。為了聆聽我的交響曲和歌劇，瑪麗亞・特蕾莎（P.116）等眾多名人都特地造訪宮殿。

貧窮生活永別了！

自己作曲的歌劇《黎恩濟》的首演大獲好評，一躍成為當紅作曲家。

沒法再待在這個國家了……

36歲時，參加市民革命運動。因涉嫌縱火而遭到通緝，於是逃亡到瑞士。

賺到錢馬上就花掉

存錢沒有意義！

運氣開始好轉了！

31歲時首演的《白山的繼承者》成為成名之作，同年秋天結婚，也找到了新工作。

你有很棒的才能！

布拉姆斯（P.37）認同德弗札克的才華，還幫忙出版他所寫的樂譜。

孩子的去世令他絕望

長女、長子、次女相繼過世，為了替他們祈福，我寫了《聖母悼歌》這首曲子。

絕望到寫下遺書

我活不下去了！

對音樂的熱情，將我從絕望中拯救出來。重振精神之後，我用盡全力努力創作，寫出一首又一首足以成為代表作的名曲。

哼，我比貴族更了不起！

41歲左右，和崇拜的詩人歌德相遇，但是貝多芬傲慢的態度使兩人沒能深交。

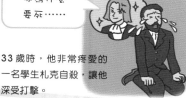

你為什麼要死……

33歲時，他非常疼愛的一名學生札克自殺，讓他深受打擊。

不曉得札克在天堂開不開心？

35歲時，跨越悲傷創作出的《第一號鋼琴協奏曲》，首演非常成功。

雖然我並不愛妳，但就順其自然吧。

37歲時，和安東妮娜結婚。可是婚姻生活僅維持不到3個月，就以失敗收場。

45歲	50歲

海頓

結婚是個錯誤……

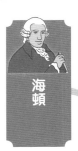

雖然工作方面很充實，可是妻子無法理解海頓的工作，夫妻感情十分不睦。

我身為音樂家，雖然得到穩固的地位，卻也感受到深深的孤獨感。我沒有可以對等地談論音樂的對象……

和莫札特（P.42）變得親近

找到可以談論音樂的朋友了！

華格納

對了，把這個經驗運用在作曲上吧！

和妻子以外的女性墜入情網，在煩惱的同時也得到作曲靈感。

我的代表作之一《崔斯坦與伊索德》，是根據自古流傳下來的悲傷愛情故事所完成的。正因為我的戀愛經驗豐富，才能夠創作出這部作品。

巴伐利亞國王援助資金

德弗札克

我在英國也成為名人。

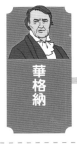

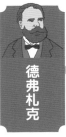

43歲時在倫敦指揮《聖母悼歌》，獲得絕大的迴響，成為世界首屈一指的人氣音樂家。

和柴可夫斯基意氣相投

《來自新世界》完成

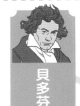

貝多芬

這是我的曲子！不准擅自演奏！

43歲時受朋友梅爾采爾委託創作曲子，兩人卻為了曲子的所有權發生爭執。

這對聽力不好的我來說是必需品！

46歲時對梅爾采爾發明並取得專利販售的節拍器深表感激，兩人和好。之後貝多芬一直很依賴節拍器。

《第九號交響曲》首演非常成功

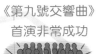

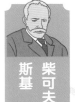

柴可夫斯基

我和安東妮娜的婚姻失敗了……我受不了和她一起生活，甚至想過要自殺。後來，我為了逃離那種痛苦，開始埋首於作曲。

在世界各地巡迴演奏

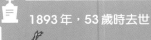

1893年，53歲時去世

在創作《第六號交響曲》的那年冬天過世。死後，他所創作的《天鵝湖》廣受好評，成為代表作。

55歲　　60歲　　65歲

愛斯特哈澤家的當家尼可勞斯公爵，和我之間有著特殊的情誼。我家失火時，公爵還幫忙全額負擔重建的費用。

尼可勞斯公爵去世

海外遠征好辛苦啊！

兩度到倫敦舉辦音樂會，結果演出非常成功，海頓賺了很多錢。

這時，我正專心完成從35歲開始持續創作的歌劇《尼伯龍根的指環》。這部作品是演出時間長達15小時的超級大作。

理想中的劇院終於完成！

63歲時，打造了用來演出自己作品的理想歌劇院。

1883年，69歲時去世

在旅行地點義大利因心臟病發作而倒下，之後病情一直沒有好轉，最後在第二任妻子柯西瑪的陪伴下去世。

我在52歲時去了美國，成為音樂學院的校長。《來自新世界》便是在這個時候，從美國原住民的歌曲中獲得靈感寫成的曲子。

埋首創作歌劇

1904年，62歲時去世

最後的歌劇作品《阿密達》完成首演大約1個月後，因腦中風而去世。死後被葬在許多捷克偉人長眠的高堡墓園。

1827年，56歲時去世

1826年12月感染肺炎，隔年3月去世。當時他正在創作第十號交響曲，可惜沒能完成便離開人間。

音樂家的名言

不要想自己有兩隻手，而要想身上長了十根手指。

以天才般的演奏技巧，被譽為鋼琴魔術師的法蘭茲・李斯特，在教導彈奏鋼琴時曾經這麼說。從這句名言可以得知，把精神集中在手指上的重要性。

還有我！

承襲貝多芬的德國大作曲家布拉姆斯

活躍於19世紀後半的約翰尼斯・布拉姆斯，是一位將全副熱情投注在創作交響曲上的音樂家。交響曲是由管弦樂團演奏的大規模樂曲，布拉姆斯研究貝多芬等大前輩們的作品，創作出許多堪稱是「交響曲的世界標準」的曲子。因此，他被稱為是貝多芬的繼承人，還因為其偉大功績和名字的開頭字母，和巴哈（P.40）、貝多芬並稱為「德國三大B」。

布拉姆斯

70歲～

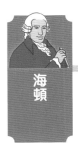

海頓

晚年仍持續作曲

身體狀況惡化，73歲時所做的《第83號弦樂四重奏曲》成為他作曲家人生的最後一曲。

1809年，77歲時去世

73歲以後便無法作曲，77歲時去世。追悼儀式上聚集了許多人前來悼念，並且演奏了好友莫札特所寫的《安魂曲》。

音樂家專欄

管弦樂團所使用的樂器

管弦樂團使用的樂器主要有弦樂器、木管樂器、銅管樂器、打擊樂器這4種。

以小提琴為首的弦樂器堪稱是管弦樂團的門面，負責曲子的主要部分。木管樂器能為曲子增色，銅管樂器能為曲子製造高潮。至於打擊樂器的任務則是負責產生節奏、為曲子增添強弱，音色雖然不起眼，卻擔任著非常重要的角色。

正因為管弦樂團是由個性迥異的眾多樂器組成，才能夠演奏出撼動人心的美妙音樂。

弦樂器 	小提琴	負責旋律的主要部分，是管弦樂團的主角。
	中提琴	比小提琴稍大的樂器，音色溫潤內斂。
	大提琴	比中提琴更大型。音域廣，音量也很大。
	低音提琴	弦樂器中體型最大的，負責低音部。
木管樂器 	長笛	橫笛的一種，音色清澈。
	雙簧管	直笛的一種，音色細膩哀愁。
	單簧管	直笛的一種。音域非常廣，音色質樸柔和。
	低音管	木管樂器中最大的，負責低音部。
銅管樂器 	法國號	造型有如蝸牛的樂器，音色柔軟。
	小號	音色華麗，經常用來為曲子製造高潮。
	長號	音色雄壯優美，常用於教會音樂。
	低音號	音色沉穩，負責低音部。
打擊樂器 	定音鼓	鼓的一種，以名為鼓棒的道具敲打發聲。特色是可調節音程。
	鈸	兩手拿著像是圓盤的兩片金屬，互擊出聲。有時也會互相摩擦出聲。

還有我們！

作為管弦樂團的指揮，獲得超高評價的音樂家們

在進入19世紀以前，由作曲家擔任指揮是很稀鬆平常的事情。比方說，莫札特（P.42）、巴哈（P.40）就會親自指揮自己創作的曲子。另外，費利克斯・孟德爾頌、古斯塔夫・馬勒、理查・史特勞斯等人也是身兼作曲家和指揮，獲得超高評價的音樂家。後來到了19世紀，也開始出現不作曲、只專門指揮的音樂家。而其中被視為先驅的，是柏林愛樂的第一代常任指揮漢斯・馮・畢羅。

在這些音樂家們的活躍表現之下，指揮方法也漸漸有所改變。從原本只是打拍子讓曲子順利進行的指揮法，發展成積極透過演奏表現曲子意境的近代指揮法。

音樂家的聯絡簿

海頓

成績	影響力 ▶ 優 😄	社交性 ▶ 優 😄	夫妻感情 ▶ 可 😞

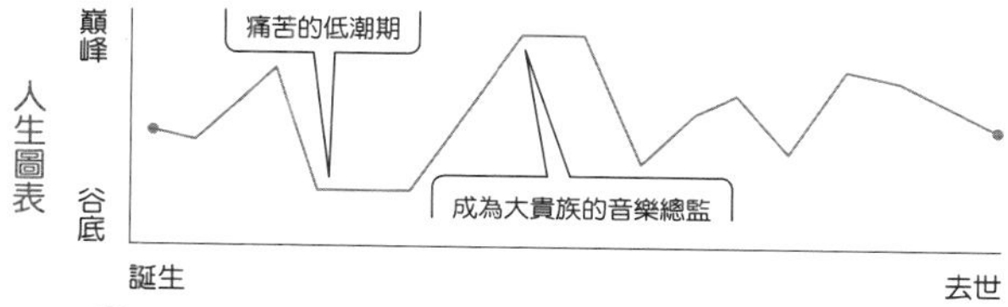

認真踏實的「交響曲之父」

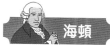

寫出超過 100 首交響曲，奠定交響樂基礎的功績受到所有人認同。個性認真隨和，晚年時還被身邊的人稱為「海頓爸爸」。然而，那樣的他卻沒能和妻子建立起良好的關係，曾說婚姻是他「人生中最大的失敗」。

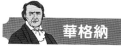

華格納

成績	歌劇 ▶ 優 😄	節約 ▶ 可 😞	私生活 ▶ 可 😞

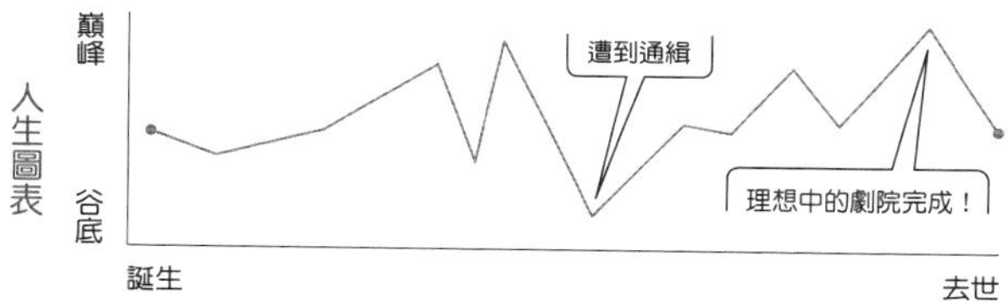

在金錢和女性方面不檢點的「歌劇之王」

一生將熱情投注在歌劇上、提升歌劇的藝術性，那樣的華格納堪稱是「歌劇之王」。可是，除了浪費成性、總是為金錢煩惱之外，甚至結婚了還喜歡上其他許多女性，他也有如此令人詬病的一面。

德弗札克

成績	親民 ▶ 優 😄	社交性 ▶ 良 😐	亮眼程度 ▶ 可 😞

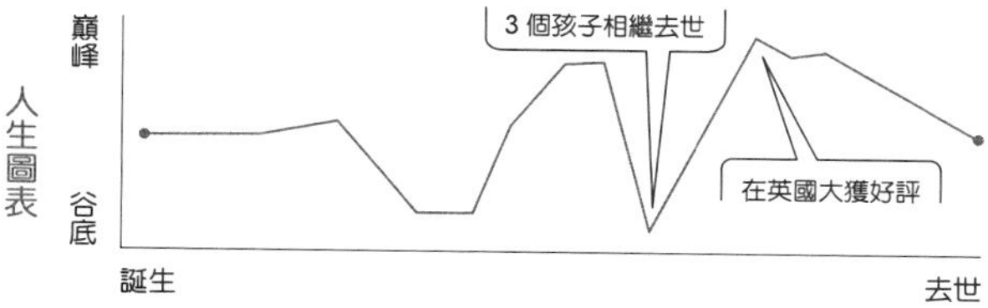

接連寫出熱門曲子的天生旋律創造者

德弗札克擁有優秀的才能，能寫出無論老少都可以琅琅上口的旋律。《來自新世界》等曲子的知名度無可挑剔，但是他本身總給人一種不起眼的感覺。

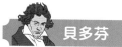

貝多芬

成績	知名度 ▶ 優 😄	社交性 ▶ 可 😞	毅力 ▶ 優 😄

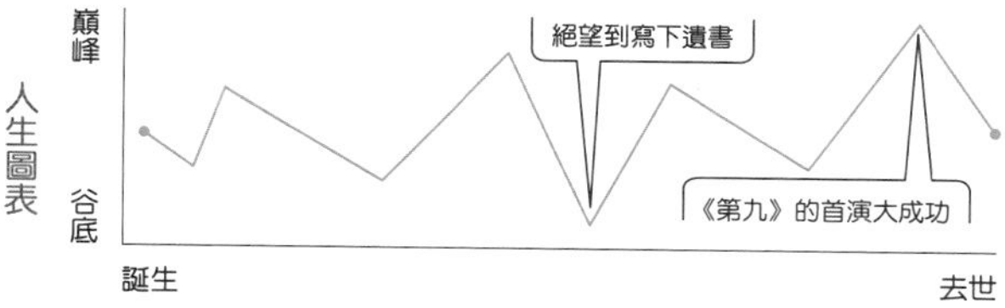

克服悲慘命運的傳奇人物

貝多芬的知名度在眾多音樂家之中數一數二。不只是他身為音樂家的功績，這或許也是因為他克服了「失去聽力」這樣的悲慘命運吧。然而，那樣的他個性卻十分孤傲，在人際關係上大有問題。

柴可夫斯基

成績	親民 ▶ 優 😄	社交性 ▶ 可 😞	夫妻感情 ▶ 可 😞

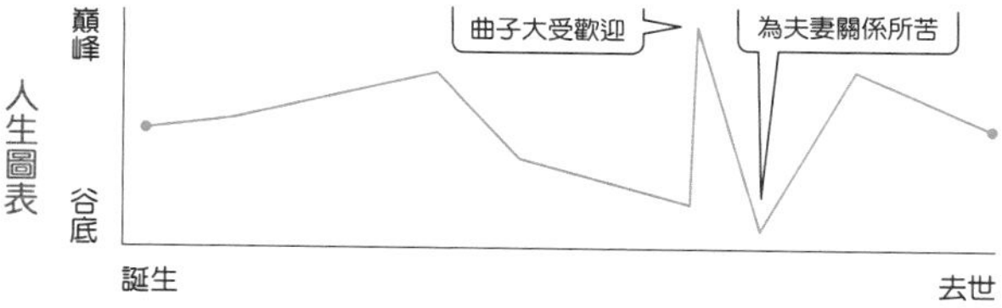

為惡妻所苦的天才作曲家

柴可夫斯基是和德弗札克齊名的天生旋律創造者。他的情感細膩、不善社交，連和自己的妻子都無法好好相處。可是，或許正因為他擁有會為人際關係煩惱的細膩情感，才能夠創作出許許多多的名曲吧！

偉人對決！3 華麗音樂世家代表人物的激鬥

約翰・塞巴斯蒂安・巴哈

偉人資料

家世	★★★★★
亮眼程度	★★★☆☆
功績	★★★★★

奠定古典樂基礎，認真又勤於學習的「音樂之父」

巴哈出生在從 16 世紀起就音樂家輩出的音樂世家，創作出許多完成度很高的曲子。同時，他也是彙整並提出作曲手法的人，卓越的功績使他被譽為「音樂之父」。對音樂家而言，巴哈的曲子就宛如教科書。

巴哈生前始終沒有機會離開他的祖國德國，但是他的音樂卻飄洋過海、跨越時代傳播出去，帶給全世界的音樂家極大的影響。

另外，「音樂之父」的兒子們也都十分優秀。像是約翰、卡爾等等，有好幾人都是名留音樂史的大人物。

巴哈家是源自16世紀、歷史悠久的音樂世家。

約翰・塞巴斯蒂安・巴哈的
三大著名作品

1	G弦上的詠嘆調
2	馬太受難曲
3	布蘭登堡協奏曲

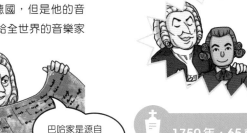

1685 年出生於德國的艾森納哈，是 8 個孩子中的老么。父親和哥哥自小就教導他音樂。

看著哥哥非常珍惜的知名音樂家們的樂譜學習。

我也非常擅長彈奏風琴。連16歲就成為宮廷風琴手的天才路易・馬爾尚，都不敢和我進行風琴的演奏對決。

我兒子也很優秀。尤其約翰是非常活躍的音樂家喔！

1750 年，65 歲時去世

晚年視力不佳，65歲時動了手術卻失敗。手術後一直臥床不起，最後在同年去世。

對決的

以音樂世家的歷史來說，巴哈一家的歷史較長，培養出來的音
是史特勞斯較占優勢。相對於一生都在祖國生活的巴哈，史特
來說是巴哈勝，以現役時期的活躍程度來說，則是史特勞

約翰・塞巴斯蒂安・巴哈和小約翰・史特勞斯，兩人都是出身音樂世家的偉人。究竟哪個音樂世家比較優秀？而這兩位音樂家，又是誰比較傑出呢？

小約翰・史特勞斯

我要賭上
「華爾滋之王」
的名號
打敗你！

偉人資料

家世	★★★★☆
亮眼程度	★★★★★
商業才能	★★★★★

1825 年出生於奧地利的維也納，是三兄弟中的長子。和被譽為「華爾滋之父」的父親約翰・史特勞斯同名。

在出道音樂會上，演奏了 19 次安可曲！

吸引全世界樂迷的
華麗亮眼華爾滋之子

我們三兄弟都是表現活躍的音樂家！

小約翰・史特勞斯有一位被稱為「華爾滋之父」的父親，而他自己也是被譽為「華爾滋之王」的作曲家。在華爾滋十分流行的維也納，他充分發揮承襲自父親的作曲才能，令全世界的樂迷為之著迷。他所做的《藍色多瑙河》是華爾滋的代表之作，也是世界級的熱門名曲，在奧地利甚至被稱為是「第二國歌」。

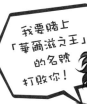

在為紀念美國獨立一百周年而舉辦的國際音樂節上指揮，讓我好興奮啊！全場多達10萬人的觀眾都為我瘋狂！

另外，他不僅有作曲的才華，也擅長於銷售，像是融合時事創作熱門曲目等等，這或許也是他能夠成為成功音樂家的原因之一吧！

我是知名的「華爾滋之父」的兒子喔！

1899 年，73 歲時去世
73 歲時罹患肺炎。妻子拚命地照顧他，但他最後還是不敵病魔過世。

總結

樂家人數也比較多。另一方面，就生前的受歡迎程度來看，則勞斯積極地到他國演奏，成為世界級的超級巨星。因此以家族勝，兩人一勝一負，打成平手。

小約翰・史特勞斯的
三大著名作品

1	藍色多瑙河
2	蝙蝠
3	春之聲

更多比較！

短命卻創作出名曲的音樂家

在偉大的作曲家之中，也有不少人年紀輕輕就去世了。他們儘管人生短暫，卻創作出許多在各時代都深受眾人喜愛的名曲，在音樂歷史上留名。就讓我們來一窺他們留名青史的祕密吧！

莫札特

1756年出生於奧地利，全名是沃夫岡・阿瑪迪斯・莫札特。自小便發揮才能，創作出眾多名曲。

從小就是大明星，受音樂之神所愛的天才！

在漫長的音樂歷史中，莫札特堪稱是數一數二的天才作曲家。自幼便發揮音樂才能，是有名的「神童」。他第一次作曲時竟然只有5歲，6歲時和父親一起到處旅行演奏，在各地獲得絕大迴響。

莫札特在各個領域都創作出優秀的曲子，其中，他特別熱中於歌劇的創作，留下了《費加洛婚禮》、《魔笛》、《唐・喬凡尼》等傑作。

莫札特的腦中充滿了音樂，能夠同時構思多首曲子的旋律，靈感多到幾乎來不及寫在樂譜上面。

35歲時身體狀況變差，留下《安魂曲》這首名曲之後就去世了。他的驚人才能，或許是用其短暫的一生交換來的吧。

舒伯特

1797年出生於奧地利，全名是法蘭茲・彼得・舒伯特，是著名的歌曲（有歌詞的曲子）巨匠。

在31年的短暫生命中創作出900首以上曲子的「歌曲之王」

活躍於歌曲領域的作曲家，曾向貝多芬（P.32）的老師薩里耶利學習作曲。在享年31歲的短暫一生中，創作出600首以上的歌曲，如果將歌曲以外的作品也算進去，總數竟多達900首以上。寫出代表作《魔王》是在他18歲時，之後，他成為人氣歌劇歌手佛格爾的搭檔，成為知名度日漸高漲的作曲家。雖然舒伯特似乎不太受女性歡迎而始終單身，不過他身邊圍繞著許多朋友，而且也是朋友介紹他和佛格爾認識的。

創作出許多曲子的舒伯特也以作曲快速聞名，代表作《魔王》是他只花了幾小時，就一口氣寫好的作品。

度過短暫卻充實的作曲家人生，舒伯特最後因病去世，死後被埋葬在他由衷尊敬的偉大前輩貝多芬的墓旁。

在短暫人生中創作出多少曲子？

莫札特和舒伯特的作品數量眾多，光是有加上作品編號的，莫札特就有600首以上，舒伯特則是900首以上。蕭邦也寫了超過200首的作品。瀧廉太郎因為死後有許多作品都被燒掉了，所以只留下僅僅34首。

4位作曲家的作品數量

莫札特	600首以上
舒伯特	900首以上
蕭邦	200首以上
瀧廉太郎	34首

蕭邦

1810年出生於波蘭，全名是弗雷德里克・弗朗索瓦・蕭邦。將一生奉獻給創作鋼琴曲，被稱為「鋼琴詩人」。

瀧廉太郎

1879年出生於日本東京都，是日本的代表性作曲家，創作出許多深受不同世代喜愛的曲子。1903年，23歲時去世。

比任何人都深愛鋼琴的音色，拓展鋼琴音樂可能性的偉人

19世紀的知名作曲家之一，也是一名偉大的鋼琴家。當時的作曲家通常都會創作交響樂、歌劇等各式各樣的曲子，但是蕭邦所做的曲子幾乎都是鋼琴曲。他對於鋼琴，有著比任何人都來得強烈的執著。

蕭邦活躍的時期，正好是鋼琴這種樂器出現、取代大鍵琴的時代。他為鋼琴前所未聞、充滿表現力的音色深深著迷，從此埋首於創作鋼琴曲。

他非常喜愛普萊耶爾公司所生產、音色細膩的鋼琴，晚年的曲子幾乎都是以普萊耶爾公司的鋼琴所寫成。

蕭邦自幼體弱，留下許多名曲後，於39歲時去世。他將短暫的一生奉獻給鋼琴，或許正是他能夠創作出優美曲子的原因之一吧。

留下許多國民名曲的日本代表性天才作曲家

這位作曲家創作出許多只要是日本人就無人不曉的歌曲，像是《荒城之月》、《箱根八里》、《花》等等。

當時，以鋼琴等西洋樂器演奏的曲子都是從外國傳入，很難引起日本人的共鳴。在那樣的情況下，廉太郎的曲子因為充滿日本風情，再加上琅琅上口，所以很快就被大眾所接受。

或許是因為對於季節更迭、美麗風景有著細膩的感受性，他才能夠創作出受到男女老幼喜愛的曲子。

《花》是組曲《四季》中的一首。《四季》集結了描寫春夏秋冬的4首曲子，而《花》是春之曲。

22歲時罹患肺結核，隔年去世。當時，肺結核是非常危險且容易傳染的疾病，因此他所寫下的許多作品據說都被燒掉了。

PART 4

藝術家的比較

所謂藝術家，是利用繪畫、雕刻等各式各樣的手段，創作出感動人心作品的人。接下來，就讓我們來比較一下活躍於繪畫領域的人物吧！大家不妨仔細觀察人生的喜、悲，各帶給偉人的作品何種影響。

偉人檔案	誕生

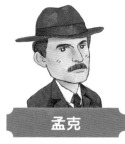

孟克

1863年出生，全名是愛德華・孟克。畫作以生死、孤獨、不安為主題，獲得很高的評價。代表作《吶喊》常被人詼諧地拿來模仿，是非常有名的作品。

出生於挪威的雷登。孟克是家中第二個孩子，前面有一個比他大一歲的姊姊。父親是信仰虔誠的醫生，母親體弱多病，孟克自己也身體孱弱。

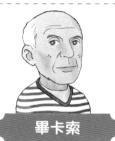

畢卡索

1881年出生，全名非常長，一般都稱他為巴勃羅・畢卡索。他一生都在不斷挑戰藝術的可能性，像是獨創「立體派」的畫法等等，是20世紀的代表性藝術家。

出生於西班牙的港口城市馬拉加。出生後被人以為夭折了而擺在一旁，幸好身為醫生的叔叔發現，才救回他的性命。

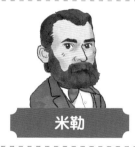

米勒

1814年出生，全名是尚-法蘭索瓦・米勒。以真誠的目光描繪農民工作的模樣，被稱為「農民畫家」。在與農業連結很深的日本，米勒的作品很早就被介紹並廣受喜愛。

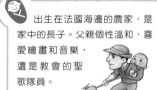

出生在法國海邊的農家，是家中的長子。父親個性溫和，喜愛繪畫和音樂，還是教會的聖歌隊員。

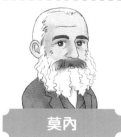

莫內

1840年出生，全名是克洛德・莫內。以美麗地呈現自然光線的嶄新畫法，在藝術界掀起革命。他和使用相同畫法的同伴們被稱為「印象派」，為許多畫家帶來影響。

出生於巴黎的拉斐特街，是父親阿道夫和母親露易絲的第二個孩子。父親經營食材行，但是家境並不富裕。母親喜歡音樂，很會唱歌。

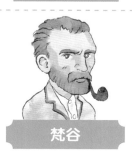

梵谷

1853年出生，全名是文森・梵谷。雖然很晚才立志成為畫家，卻一直懷抱著無比的熱情作畫。留下代表作《向日葵》等好幾幅傑作，死後身為畫家的才能始受到肯定。

出生於荷蘭津德爾特村的牧師家庭，是一個紅髮碧眼的嬰兒。名字和一年前夭折的孩子同名。

孩童時代　　　　15歲

媽媽，
不要拋下我！

母親和病魔纏鬥許久，最後在孟克5歲時離世。

我不想死……
黑天使好可怕……

13歲時得了重病。隔年姊姊去世，讓他對於死亡和疾病有著強烈的恐懼感。

17歲開始就讀美術學校

熱中於畫畫

10歲進入美術學校就讀，也會到美術館欣賞作品、學習畫法。

16歲進入西班牙有名的美術學校，卻因為覺得課程太無趣，很快就休學了。

從小就相當具有知性，喜愛閱讀聖經和詩集。

少年時代一邊幫忙父親務農，一邊趁著工作空檔描繪自然風景。

雖然是繼承家業的重要兒子，但因為米勒有優秀的繪畫才能，於是父親允許他當畫家。

因為父親工作的關係，搬到美麗的沿海城市

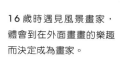

少年時代，經常幫附近鄰居畫肖像畫，作品很能展現本人的性格和特徵，在鎮上大獲好評。

16歲時遇見風景畫家，體會到在外面畫畫的樂趣而決定成為畫家。

崇拜身為牧師的父親，希望長大以後成為神職人員。

他的個性內向、不善與人往來，但是和弟弟西奧感情很好。

13歲時進入中學就讀，但是因為交不到朋友而覺得學校很無趣，也因此變得更內向了。

20歲 25歲

孟克
可惡，大家都
瞧不起我……
20 歲時，參加展覽會的作品遭到嚴厲的批評。之後每次發表作品都是毀譽參半。
用獎學金到巴黎留學
研究巨匠的作品
莫內好厲害喔……
畢卡索
舉辦首次個展
身為畫家，一切
開始得很順利。
啊，我的
朋友……
因為好友自殺，從 20 歲左右開始，轉為以藍色為基調、風格陰鬱的畫風。
悲傷的時代
終於結束！
和奧莉維亞交往，畫風開始變得溫暖。
米勒
我要努力學習，
成為專業畫家！
19 歲起開始正式學習繪畫，後來獲得獎學金，進入巴黎的國立美術學校的畫室。
貧窮的低潮時期
現在是忍耐的時候……
為了生活也畫裸體畫
莫內
我要在巴黎抓住
成功的機會！
18 歲來到巴黎後，遇見意氣相投的畫家同伴，一起在畫室磨練畫工。
24 歲時，在沙龍展出的作品入選，才能獲得肯定。
和戀人卡蜜兒結婚
不過小孩3年前
就出生了！
梵谷
懂我心情的人
就只有弟弟。
16 歲時開始工作，之後一直和西奧頻繁地書信往來。
取得傳教士的臨時執照
我只能
畫畫了。
26 歲時，過於熱心的傳教活動被視為問題，無法繼續再當傳教士，於是決定成為畫家。

30歲　35歲　40歲

我聽見好可怕的吶喊聲……

發表《吶喊》，畫中人物因為對「貫穿自然的吶喊」感到恐懼，而摀住耳朵。後來這幅作品幾乎成為了他的代名詞。

和情人談分手時起了衝突，左手中指被手槍打到。

雖然可能不適合小孩子，不過這幅畫很不錯喔！

受朋友之託畫了掛在兒童房的畫，但是內容並不適合兒童，對方拒絕收下。

和奧莉維亞分手……

我不會局限於一種畫風，會不斷地創作出嶄新的作品。會對我的畫帶來影響的東西很多，其中之一是戀人。每次和不同的人交往，我的畫風就會跟著改變。

人生和畫風都變了！

37歲時和芭蕾舞者歐嘉結婚。之後，他的作品以展現肉體生命力居多。

和農家的女孩戀愛

太棒了！辛苦是值得的！

33歲時，在沙龍展出的作品大獲好評，被政府收購。

我要以農民畫家的身分活下去。

35歲時搬到美麗的鄉村巴比松後，開始積極地描繪農民畫。

嗚嗚…都是批評的話……

33歲時和同伴合開展覽會，發表《印象・日出》這幅作品，卻獲得極差的評價……。

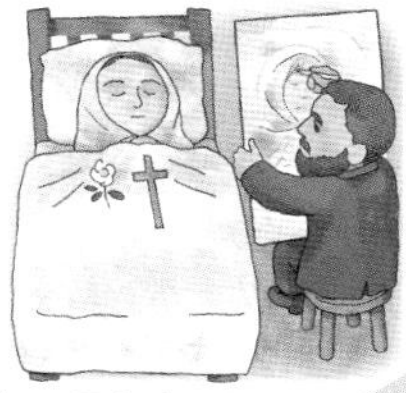

妻子死去。照在妻子臉上的光，讓身為畫家的他產生興趣，將遺容畫了下來。

今後也會繼續創作好畫的。

40歲左右時，由於朋友會定期向他買畫，收入因此變得穩定。

埋首於繪畫

這時，畫出了知名的《向日葵》。

35歲時，來到巴黎和年輕畫家們交流。開始和高更共同生活，結果卻……

因精神疾病割掉耳朵

1890年，37歲時去世

7月企圖以手槍自殺而身受重傷，後來在西奧的照護下死去。死後，他身為畫家的才能始受到肯定。

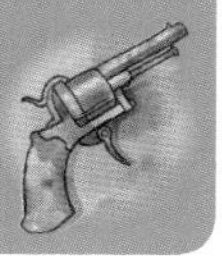

45歲　　50歲

孟克

因酗酒問題而住院

太過努力讓我好累……

成功戒酒，工作也很順利。

45歲時舉辦的大規模展覽會，讓他身為畫家的名聲更加高漲。

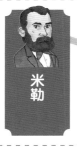

畫大學講堂的壁畫

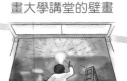

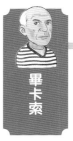

畢卡索

年齡差距完全不是問題。

46歲時遇見17歲的德雷莎，兩人發展出戀愛關係。

和歐嘉的關係惡化

這時是我人生最煎熬的時期。遇見德雷莎之後，我和歐嘉的關係惡化，這帶給我很大的壓力。

米勒

我的代表作《播種者》是在35歲時完成的，《拾穗》則是在42歲時完成。兩者都是我的自信之作，但是在當時卻受到一些人嚴厲的批判。

么子誕生，成為11人家庭

幸好我有特別迎合評審的喜好。

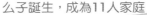

50歲時，在沙龍展出的《牧羊女》得獎。

莫內

搬到美麗的鄉村

42歲時，開始在容易獲得創作靈感的美麗小鎮吉維尼生活。

一邊旅行一邊作畫

很好！個展非常成功！

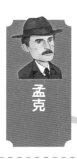

50歲時，在個展公開名為《乾草堆》的作品，結果大獲好評。身為畫家愈來愈受到肯定。

藝術家專欄

讓藝術家一躍成名的「沙龍」

沙龍是由法國政府主辦的美術展覽會，正式名稱為「巴黎沙龍」。

沙龍每年會舉辦1～2次，是年輕藝術家讓許多人認識自己的絕佳場所。

有志成為畫家的年輕人，都會帶著自己滿意的作品來到沙龍，以通過審查、獲得展示機會為目標。

沙龍從1881年開始便不再由政府主辦，名稱也從「巴黎沙龍」改為「沙龍展」，至今仍持續舉行展覽會。

55歲 60歲 65歲

自小體弱多病、家人早逝的我，一直覺得召來不幸的黑天使隨時都跟在我身旁。因為年少時代過得很不順遂，我的畫大多呈現以生死為主題的陰鬱風格。

妹妹勞拉去世

唔～怎麼辦，眼睛看不見……

66歲時，因為眼疾暫時無法作畫，幸好後來又康復了。

和德雷莎的女兒誕生

我又交新女友了！

和畫家朵拉・瑪爾交往，以情感表現激烈的她為模特兒，畫出《哭泣的女人》。

我在57歲時，畫了以戰爭空襲為主題的大作《格爾尼卡》。這幅畫引起非常大的爭議，是我的作品之中最有名的畫作之一。

身邊有這麼多家人陪伴，我真是太幸福了……

58歲起身體狀況惡化，經常臥床不起；60歲時，和長年一起生活的妻子在教堂舉辦婚禮。

1875年，60歲時去世

婚禮結束大約兩周後，在家人的守護下離開人世。晚年致力於創作以四季為主題的作品，然而最後《夏》和《冬》並未完成。

來畫睡蓮吧！

在自家庭院打造睡蓮池，開始反覆地畫池塘和睡蓮。

我經常反覆畫相同的風景，其中最用心畫的就是浮在庭院池塘上的睡蓮。我在去世以前，一共畫了200次以上相同的睡蓮圖。

睡蓮畫作大獲好評

藝術家的名言

不管什麼都無所謂，總之先試著做做看！

岡本太郎

這句話出自以製作《太陽之塔》聞名的岡本太郎之口，告訴我們不要把事情想得太多太困難，重點是要採取行動。除此之外，他還說過「爛才好。要是拙劣到讓人笑出來的地步，這樣反而比較有趣不是嗎？」、「最會畫畫的，大約都是4、5歲的小孩子呀」等名言，不斷地告訴我們不要用腦袋思考太多，自由發揮才是最重要的。

70歲～

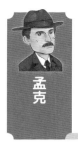

孟克

作品被納粹扣押

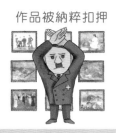

我經常從自己過去的作品中，找到創作新作品的靈感。所以，我通常會畫兩幅相同的畫，好讓作品賣給別人後，還有一幅可以留在自己身邊。

1944年，80歲時去世

80歲生日時，全歐洲都為這位大畫家獻上祝福，然而他卻在隔年的1月23日去世。

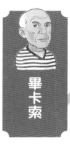

畢卡索

71歲左右遇見賈桂琳，兩人在分居中的歐嘉去世後結婚。

妳是我最後的女人。

7個月內製作了347幅版畫

我對藝術的熱情，即使年過70依舊絲毫沒有減退。我一生總共創作了將近15萬幅作品，是不是很厲害？

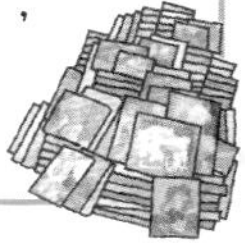

之後，巴黎也有了畢卡索美術館♪

81歲時，畢卡索美術館在西班牙的巴塞隆納成立。

1973年，91歲時去世

妻子發現畢卡索在臥室內神色痛苦，於是趕緊叫了醫生來，但他最後還是去世了。遺體被埋葬在畢卡索深愛的沃韋納爾蓋城堡的庭院裡。

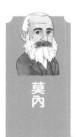

莫內

如果是大幅的畫倒還沒問題。

開始畫睡蓮的大幅裝飾畫

為了表現美麗的光線，我下了許多工夫。除了盡可能不使用褐色、黑色等深色顏料，也不會在調色盤上混合顏料，因為顏料經過混合後亮度會降低。

不行……眼睛看不見……

68歲左右開始視力變差，過了70歲後更加惡化，沒辦法隨心所欲地作畫。

接受眼睛手術

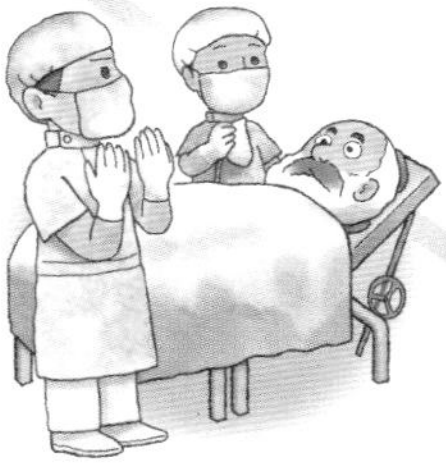

1926年，86歲時去世

完成睡蓮的大幅裝飾畫以後，不久便去世了。而這幅睡蓮的大幅裝飾畫則依照他生前的決定，捐贈給法國。

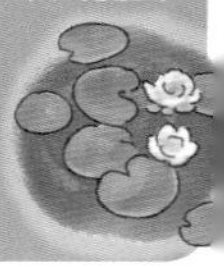

藝術家的聯絡簿

孟克

成績	忍耐力 ▶ 優	毅力 ▶ 優	開朗 ▶ 可

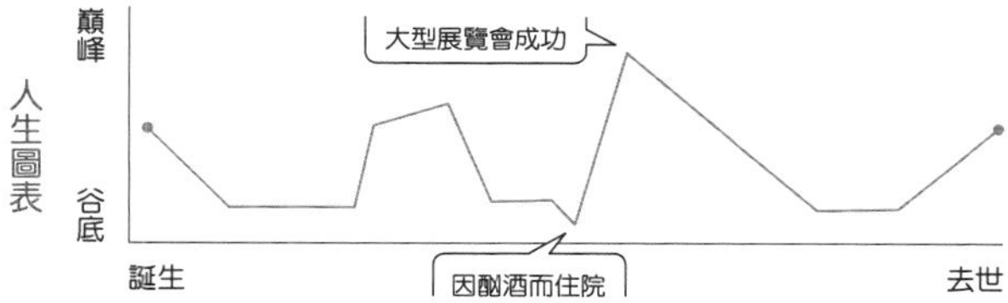

不向艱困命運低頭的努力家

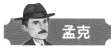

雙親和姊姊早逝、自己也體弱多病的孟克，創作出以人生的苦悶為主題的畫作。孟克的人生和作品充滿著陰鬱的感覺，可是他也擁有著能夠從逆境中重新振作的堅強意志，像是他雖一度酗酒，最後還是努力地站起來般。

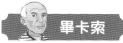

畢卡索

成績	作品數 ▶ 優	財富和名聲 ▶ 優	戀愛 ▶ 良

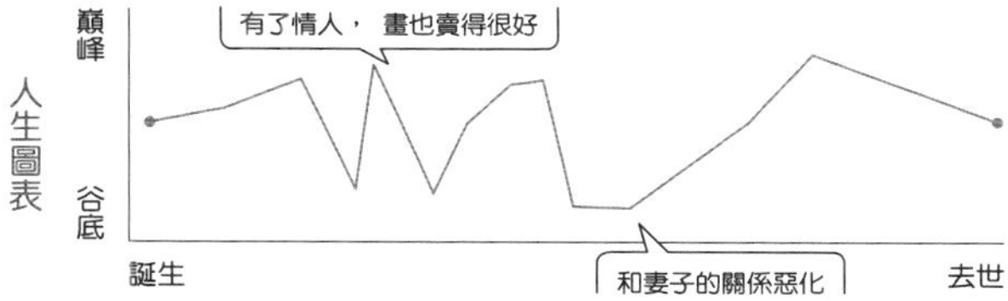

登上藝術家的頂點，戀愛方面卻常惹麻煩

畢卡索的作品數量無人能及，而且那些作品從他生前就價值不斐。成名之後，畢卡索談過許多場戀愛，還將自己的戀愛經驗當成創作的靈感，但結果卻讓好幾個女人傷心流淚。

米勒

成績	真誠 ▶ 優	婚姻生活 ▶ 優	經濟能力 ▶ 可

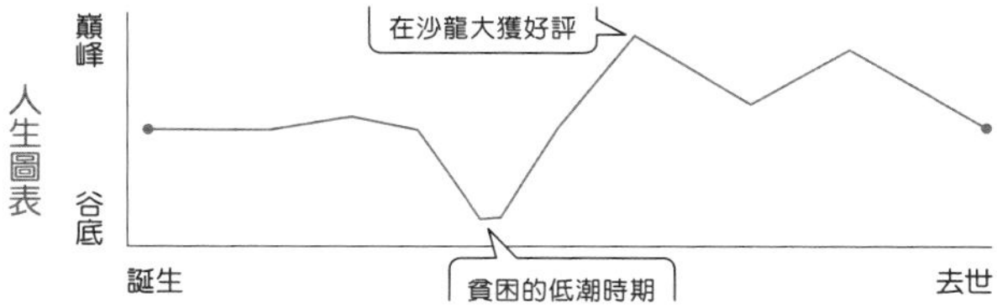

花了好長時間才獲得認同的苦命人

持續描繪農民工作模樣的米勒，總是給人認真且追求樸實幸福的印象。另外，他在家裡還是有著9個孩子的好爸爸。可是，他年輕時卻遲遲得不到好評，別人對他的作品總是毀譽參半，在40歲以前生活過得相當辛苦。

莫內

成績	影響力 ▶ 優	堅持 ▶ 優	韌性 ▶ 優

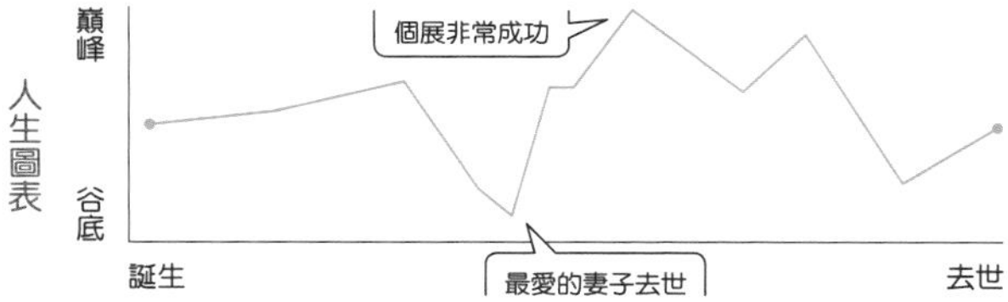

堅持表現光線的藝術界革命家

莫內堅持表現光線的畫作，帶給後來的藝術家很大的影響。幾乎不改變畫風、始終堅持呈現光影效果，是莫內最大的特色。不畏批判、持續貫徹自己做法的堅強性格，也是他能夠成為成功畫家的原因。

梵谷

成績	專注力 ▶ 優	經濟能力 ▶ 可	社交性 ▶ 可

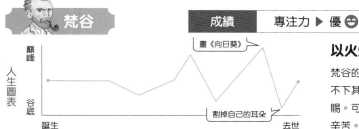

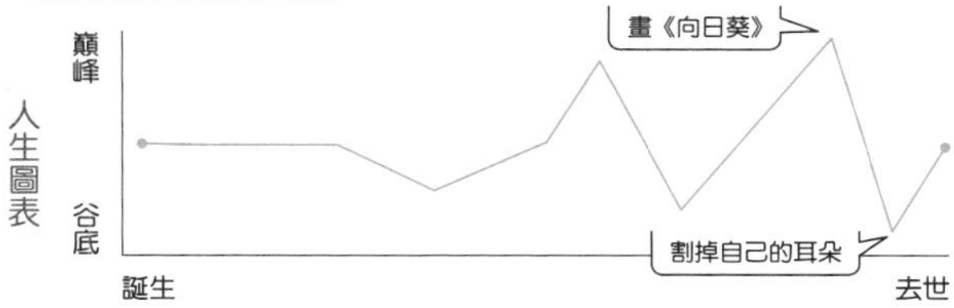

以火焰般的熱情度過短暫的一生

梵谷的專注力非常強，一旦決定「就是這個了！」，眼裡就容不下其他事物。他之所以能夠留下傑作，也是拜這份專注力所賜。可是他生前非常貧困，又缺乏社交能力，所以日子過得很辛苦。他能夠創造出優秀的作品，也要歸功於弟弟的幫助。

偉人對決！4 文藝復興代表藝術家的競爭！

李奧納多・達文西

藝術的最高峰是繪畫！

偉人資料

繪畫能力 ★★★★★
雕刻能力 ★★★☆☆
發明能力 ★★★★☆

畫出舉世聞名的《蒙娜麗莎的微笑》，活躍於眾多領域的天才

14 歲左右成為藝術家委羅基奧的徒弟，20 歲過後就已經擁有超越師傅的實力。

獨立後畫了《岩窟中的聖母》，卻引發金錢支付上的糾紛，為了獲得工作，他向米蘭的統治者斯福爾扎公爵販售獨特武器的設計圖，並提出興建運河的計畫等等，發揮多樣化的才能。

雖然他也很熱心於研究數學和解剖學，不過對於繪畫有著非凡的熱情，在米蘭留下了壁畫《最後的晚餐》。

51 歲時開始畫的《蒙娜麗莎的微笑》，是他最有名的一幅作品。

123
我除了藝術以外還會很多東西！

達文西的

三大厲害作品

1	蒙娜麗莎的微笑
2	最後的晚餐
3	岩窟中的聖母

1452 年，出生於義大利托斯卡納地區的文西村。和父親、繼母同住，沒有和親生母親一起生活。

沒想到我畫得比師傅還要好！

世界上最有名的畫《蒙娜麗莎的微笑》是我的作品。

我為了正確地描繪人物，特地學了解剖學。即使年紀大了，我仍然去向年輕的解剖學者拜師求教。

1519 年，67 歲時去世

受到法國國王的邀請，在克洛呂塞城堡度過餘生，3 年後去世。終生單身。

對決的

達文西和米開朗基羅的繪畫技巧不分上下，但是在雕刻方面米羅或許比較占上風，不過達文西在數學、解剖學、天文學、物以外的領域，「全能」程度是達文西獲勝。

V

誕

20

50

80

這兩人是文藝復興（藝術、學問創新重生的運動）的代表藝術家，由於均在多個領域留下實績，因此都被稱為是「全才」。究竟，全能偉人的對決結果會是如何呢？

S 米開朗基羅・博納羅蒂

讓我告訴你
雕刻的
美妙之處！

偉人資料

繪畫能力	★★★★☆
雕刻能力	★★★★★
建築能力	★★★☆☆

1475 年，出生於義大利佛羅倫斯附近的小鎮。從小就進出石匠的工坊。

從年輕時期開始，接連創作出《聖殤》等著名雕刻！

那個西斯汀禮拜堂的天花板畫也是我的作品！

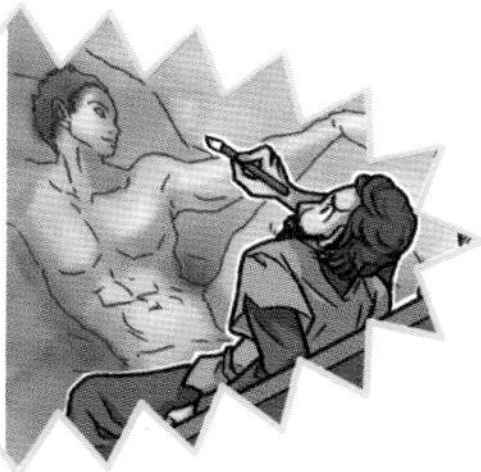

建築也可以交給我！梵蒂岡知名的聖彼得大教堂是我設計的。 如何？這個圓頂設計是不是很帥氣啊？

1564 年，88 歲時去世

正在製作《隆達尼尼聖殤》時去世。和達文西一樣終生單身。

憑著《大衛像》聲名大噪，同時精於天花板畫的大藝術家

15 歲左右開始在佛羅倫斯的大富豪羅倫佐・德・麥迪奇的手下磨練雕刻技術，麥迪奇家沒落後他搬到羅馬，創作出《聖殤》、《酒神》等了不起的雕刻作品，開始受到世人注目。

相對於熱愛繪畫的達文西，米開朗基羅則是對雕刻燃燒熱情，在 1504 年完成最偉大傑作《大衛像》。

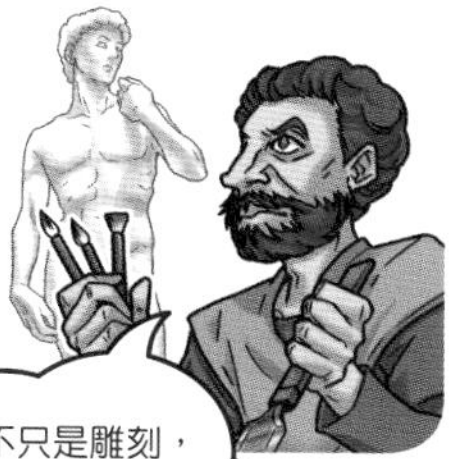
不只是雕刻，
繪畫方面
我也不會輸！

1508 年開始，他花了超過 4 年的時間，在西斯汀禮拜堂的天花板上，畫出名為《創世紀》的天花板畫。

另外，晚年時同樣在西斯汀禮拜堂畫的《最後的審判》，也是名留歷史的大作。

米開朗基羅的三大厲害作品

1	大衛像
2	最後的審判
3	聖殤

總結

開朗基羅技高一籌。以身為藝術家的綜合能力來看，米開朗基

理學等許多領域都擁有當時學者的頂尖知識，因此，包含藝術

更多比較！

活躍於江戶時代的浮世繪畫師

當歐洲的藝術家們正在摸索嶄新的繪畫技法時，日本則是出現了浮世繪。以下就來介紹4位畫出美麗的浮世繪，令莫內、梵谷也為之驚嘆的偉大畫師吧！

喜多川歌麿

1753年左右出生於江戶（現在的東京都，但也有一說是出生於川越）。以代表作《寬政三美人》為首，描繪出許多以女性為模特兒的畫作。

描繪美人圖的NO.1！受全世界喜愛的人氣浮世繪畫師

擅長表現女性之美的畫師，像是茶屋的紅牌藝妓、受歡迎的花魁等等，以鎮上公認的美女為模特兒畫成浮世繪，廣受平民的支持。將女性上半身放大描繪、名為「大首繪」的構圖尤其有名，至今仍是在全世界擁有眾多畫迷的浮世繪畫師之一。

歌麿成為蔦屋這家知名版元（出版社）的專屬畫師，畫了許多浮世繪，表現相當活躍。

歌麿會仔細觀察女性的和服種類、穿法、手部動作等細節，然後以浮世繪表現出來。

可是，他晚年在描繪以豐臣秀吉為主題的畫時，卻被人認為「懷有惡意」而受到懲罰，後來過了兩年就去世了。儘管身為日本的代表性優秀浮世繪畫師，卻以悲慘的方式結束他的人生。

葛飾北齋

1760年出生於江戶，代表作是《富嶽三十六景》。描繪各種類型的浮世繪，留下了據說超過3萬幅的大量作品。

人物、風景、妖怪等等，什麼都能畫的浮世繪畫師！

江戶時代，浮世繪常見於偶像明星的海報、肖像畫，大多是以眾人愛慕的美女、帥氣的歌舞伎演員等為模特兒的人物畫。在那樣的情況下，葛飾北齋卻以風景畫作品集《富嶽三十六景》大受歡迎，鞏固身為畫師的地位。

北齋不會將所見之物直接畫下來，而會在腦中塑造成更有魅力的模樣再畫成浮世繪。

另外，北齋並未專攻一種類型，而是畫出各式各樣的畫作，像是集結各種素描的《北齋漫畫》、描繪妖怪的《百物語》等等，拓展了浮世繪的可能性。隨著日本的浮世繪流傳到國外，全世界都見識到其美好之處，而北齋的畫在國外也格外受到歡迎。他和喜多川歌麿一樣，都對於讓全世界瞭解浮世繪的美好做出極大的貢獻。

被當成包裝紙遠渡重洋的浮世繪

浮世繪在全世界獲得極高的評價，是日本開國之後的事情，但其實在日本鎖國的期間，浮世繪就已經渡海抵達國外了。

鎖國期間，日本透過有外交關係的荷蘭，向西洋各國輸出瓷器、陶器，而當時作為包裝紙的就是浮世繪。

從被當成包裝紙使用這一點可以得知，過去浮世繪並未被視為高格調的藝術作品，而是日本平民日常生活中所熟悉的娛樂作品。

比起日本國內，浮世繪的藝術價值在國外似乎獲得了更高的評價。

歌川廣重

1797年出生於江戶，代表作有《東海道五十三次》、《名所江戶百景》等等。在各地名勝旅行，畫出許多美麗的浮世繪。

東洲齋寫樂

在江戶時代留下許多優秀作品的浮世繪畫師，但像是生歿年、出生地等等，無從得知其詳細的生平。

受到全世界讚譽的「廣重藍」！以旅行系列聞名的風景畫名人

12歲左右，跟隨父親的腳步成為消防員。一邊滅火一邊學習繪畫，以畫師身分出道後才專心從事畫師的工作。

他剛成為畫師時原本是畫美人圖，然而表現並不出色，於是改當風景畫家。36歲時所畫的《東海道五十三次》獲得很高的評價，成為受到眾人認同的一流畫師。繼《東海道五十三次》之後，他又陸續發表《近江八景》、《木曾街道六十九次》、《名所江戶百景》等旅行系列畫作，是非常活躍的人氣浮世繪畫師。

東海道是連接江戶日本橋和京都三条大橋的道路，這中間的53個驛站稱為「東海道五十三次」。

前所未見的大膽構圖、以線條描繪雨水等創新的表現，以及被國外藝術家稱為「廣重藍」的獨特藍色，這些都是廣重的浮世繪特色。

10個月內傑作連發！生平不明的神祕畫師

這位浮世繪畫師畫了許多力士、演員的大首繪，雖然是日本的代表性畫師，活動期間卻非常短暫。只當了浮世繪畫師不到1年就停止活動，無從得知他之後的消息。

寫樂死後，德國學者在明治末期出版了研究寫樂的書，其作品的價值因此廣為人知，成為受到全世界注目的浮世繪畫師。

浮世繪的人物畫通常都會畫得很美麗、帥氣，但是寫樂卻誇大表情和姿勢，畫出突顯模特兒個性的嶄新畫作。

關於寫樂神祕的真實身分眾說紛紜，其中，認為寫樂是能劇演員齋藤十郎兵衛的說法最為有力，但至今還是沒有找到明確的證據。另外，也有人認為寫樂可能是喜多川歌麿或葛飾北齋等知名畫師創造出來的筆名。

PART 5

自然學家、考古學家的比較

研究動物、植物、礦物等大自然的學問稱為自然學。另一方面，考古學則是研究人類活動、文化發展的學問。接著，我們就來看看研究大自然樣貌和人類歷史的偉人的一生吧！

偉人檔案		誕生
 牧野富太郎	1862 年出生，是著名的日本代表性植物分類學家。靠著自學累積植物的相關知識，發現許多新品種植物。透過出版《日本植物志圖篇》，將植物的知識廣泛地介紹給一般民眾。	出生於高知縣佐川町的釀酒鋪，是家中的長子。雖然家境富裕、生活無虞，但是父母、祖父都在他年幼時便過世，是祖母將他撫養長大。
 孟德爾	1822 年出生，全名是格雷戈爾・約翰・孟德爾。一邊當修道士、一邊研究生物學，留下成為遺傳學基礎的研究成果。長年在修道院的庭院裡觀察豌豆，發現了「孟德爾定律」。	出生在捷克蘇台德地區旁的小村莊。那是一片被山羊、牛、雞等動物圍繞，還有果樹園等豐富綠意的土地。
 達爾文	1809 年生，全名是查爾斯・羅伯特・達爾文。航行世界一周，調查各種動物、植物、地質，發現了「進化論」。將研究成果集結成《物種起源》這本書。	出生於英國的舒茲伯利鎮。父親羅伯特是一名醫生，同時也是投資家。他的名字查爾斯是來自身為名醫的叔叔，和叔叔取了相同的名字。
 南方熊楠	1867 年出生，是通曉植物、動物、天文、民俗等各種學問的自然學家。此外，也以研究菌類的黏菌學者身分，發現大約70種的新品種。著有《十二支考》等眾多著作。	出生於和歌山縣和歌山市，家中經營五金行。熊楠這個名字，是取自熊野本宮大社的「熊」字，以及楠神木的「楠」字。
 霍華德・卡特	1874 年出生，17 歲時來到埃及，從事挖掘的工作。挖掘到法老王圖坦卡門之墓，為埃及學帶來珍貴的資料。另外，其著作 *The tomb of Tutankhamun* 是許多人拜讀過的經典。	出生在英國諾福克郡的小村莊，父親山繆和母親瑪莎共育有 11 名子女，他是最小的孩子。家境不是很好。

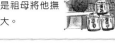

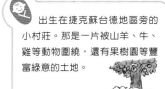

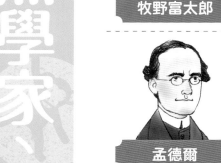

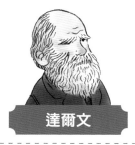

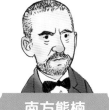

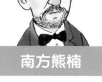

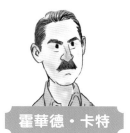

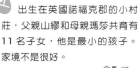

孩童時代 **15歲**

被祖母撫養長大

父母、祖父相繼過世。

因為小時候骨瘦如柴，又老是在看花草植物，所以周圍的孩子們都叫他「球棒」。

12 歲左右開始就讀小學，卻因為課程太簡單，很快就休學了。

一樣的水果卻有好多不同的種類。

經常觀察在果樹園工作的父親做事，學習到樹有各式各樣的種類，像是有些樹會長出美味的水果、有些樹不容易生病等等。

比起務農更愛讀書！

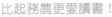

爸爸，你沒事吧!?

由於父親從樹上摔落、受了重傷，一家人的生活陷入困境。

我要去抓好多蟲！

孩童時期非常熱中於抓蟲，讓青梅竹馬的女孩艾瑪感到吃驚。

不喜歡上學念書……

念書好痛苦喔……

我一點都不想當醫生。

父親將他送進愛丁堡大學，希望他成為醫生。

這次來抄這個吧！

家中有很多用來包裝五金材料的舊書，於是他便照著抄寫動物的模樣和文章。

人家替我取了個綽號叫天狗。

熱中於採集動物和植物，還曾經一去山裡就是好幾天。

就讀東京大學預備學校

經常翹課不去上學。

沒有上學，由哥哥教他讀書

我畫得比爸爸還好！

畫圖功力比從事繪圖工作的父親還要強。

有好多稀奇的東西喔！

17 歲時，因為很會畫畫，在大英博物館從事統整考古學資料的素描工作。

20歲 25歲

牧野富太郎

你做的標本
太棒了！

到東京旅行，讓植物學教授看自己製作的標本。後來他因此來到東京，借用大學研究室展開了研究生活。

結婚，妻子非常支持他進行研究。

我把研究成果
整理出來了！

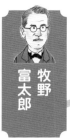

26歲時，他寫出分類植物並以插圖進行解說的《日本植物志圖篇》，在植物學界獲得好評。

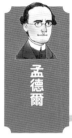

孟德爾

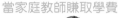

當家庭教師賺取學費

哇～這下我隨時
都能讀書了！

以實習修道士的身分，進入聖湯瑪斯修道院。那裡有許多書，氣氛就像學校一樣。

成為理科老師

我們來學
習植物的
知識吧！

授課內容淺顯易懂，深獲好評。

達爾文

哇！這就是
手術嗎！

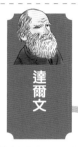

在大學實習時觀摩手術，震撼的景象讓他發覺自己不適合當醫生。

搭乘小獵犬
號出發吧！

放棄當醫生改當學者後，為了調查生物和地質，他成為調查團的一員，航行世界一周。

好驚人！

在加拉巴哥群島遇見稀有的生物。

南方熊楠

日本太狹小了！
去外國學習吧～

離開學校，19歲時前往美國研究動植物。

有好多稀有
的植物耶！

24歲時前往古巴島，發現新品種的地衣類（菌類和藻類的共生體），成為獲得好評的研究者。

來到英國

可以讀到珍
貴的書籍！

進出大英博物館。

霍華德・卡特

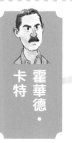

埃及
太棒了！

加入研究埃及的調查團。在當地聽說法老王圖坦卡門的故事，開始夢想能夠發現其墳墓。

在埃及的博物館工作，卻因為和觀光客吵架而被開除

可惡！

警告不守規矩的觀光客，結果引發糾紛。

30歲　35歲　40歲

老家陷入危機！

之前提供富太郎研究經費的老家，因釀酒鋪的經營狀況惡化，無法再給予他援助。

太棒了！我成為大學的助理了！

31歲時，他在帝國大學的松村任三博士的幫助下，被任命為正式助理，開始有了薪水收入。

日夜不停做研究！

我要栽培豌豆，進行實驗！

正式成為修道士後，他仍繼續讀書，開始研究植物性質由親代傳給子代的情況。

可惡！不准吃種子！
必須除蟲、套上袋子才行……
風雨也令人擔心……

孟德爾花了7年時間，栽培了多達2萬8千株的豌豆。結果，他瞭解到豆子的形狀、顏色這些親代豌豆所擁有的各種性質，是如何傳給子代的。

回國後和青梅竹馬艾瑪結婚

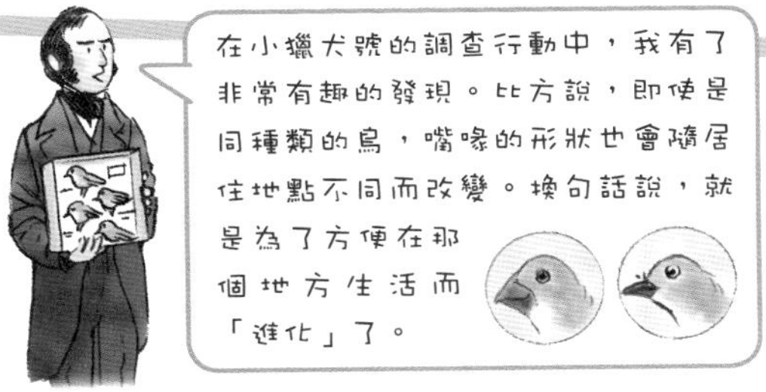

在小獵犬號的調查行動中，我有了非常有趣的發現。比方說，即使是同種類的鳥，嘴喙的形狀也會隨居住地點不同而改變。換句話說，就是為了方便在那個地方生活而「進化」了。

與其忙碌地工作，我寧願做自己喜歡的研究。

由於他並不隸屬於任何大學或公司，於是就專心做自己喜歡的事情。

不准小看日本人！

雖然獲准在大英博物館進行研究，卻引起打架等騷動，33歲時被禁止進出。

回到日本

睽違14年終於回來了。

這座島太棒了！

為和歌山田邊市神島的豐富大自然深深感動，開始致力於島的保存活動。

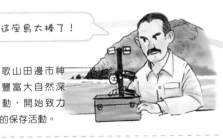

在路邊靠賣畫維生

我還沒有放棄夢想！

畫幾乎都賣不出去。

我倆一起去找圖坦卡門的墓吧！

33歲時，在埃及認識大富豪卡納馮伯爵，對方贊助他挖掘的費用。

這個帝王谷裡應該有墳墓！

雖然取得了帝王谷的挖掘權，卻必須移除大量土石，挖掘行動困難重重。

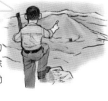

45歲　　50歲

牧野富太郎

陸續發現新品種！

我為許多植物命名。

不停搬家……

抱歉…我們太窮了……

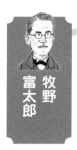

花了非常多錢在研究上，結果債務愈滾愈大，只好不停搬家，幸好後來獲得有錢青年的援助。

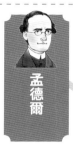

這下不用擔心債務了。

孟德爾

大家請聽聽我的發現！

孟德爾將自己的發現整理成論文，還寫了書，卻沒有人要理睬他。

45 歲時成為修道院長！

開始變忙碌了！

雖然升遷了，卻也變得沒時間做研究。

忙於工作無暇研究

達爾文

必須將研究成果整理好才行。

他雖然有慢慢整理之前採集到的標本等研究成果，卻很慎重地沒有發表出去。

這樣下去會被搶先啊！

由於他國學者送來了和自己想法相同的論文，於是他也一起共同發表了自己的論文。

發表《物種起源》

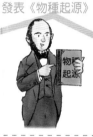

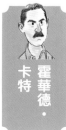

南方熊楠

我曾經因為向打算拆除神社的官員抗議，而遭到逮捕。不過，我也因此有所收穫，像是在監獄發現了新品種的黏菌等等。

喔喔！這種地方居然有新品種！

在自家柿木下，發現了新品種的黏菌。

霍華德・卡特

我將地圖細分成好幾區，把已經挖掘過的地方塗滿。眼看再過不久，整張地圖就要被塗滿了，卻還是找不到法老王圖坦卡門的墳墓……

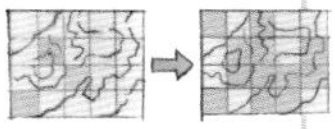

在地底發現墳墓入口！

是詛咒嗎……？

參與挖掘的人們接連倒下。

55歲 60歲 65歲

我被債務逼到走投無路，甚至做好要把之前收集的植物標本賣掉的心理準備。所幸神戶一個名叫池永孟的青年得知這一點後，替我還清了所有債務。

終於蓋了房子！

64歲時，終於不必再為錢苦惱，在雜木林中蓋了期待已久的房子。

謝謝妳過去的支持……

66歲時，最愛的妻子去世。他將發現的新品種矮竹，以妻子的名字命名為「壽衛子笹」。

請聽我說，我發現如果讓綠色豆子和黃色豆子交配，繁殖出來的子代全部都會是黃色豆子喔！然後，如果讓子代的黃色豆子互相交配，那麼第三代又會有四分之一的比例是綠色豆子。不覺得這個定律很有趣嗎？

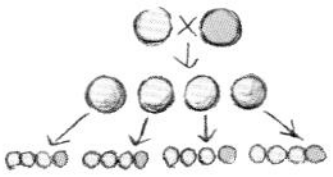

1884年，61歲時去世

孟德爾去世的16年後，3名研究者發現了和孟德爾相同的定律。孟德爾一直被忽視的論文因此受到注目，成為除了植物以外，闡明所有生物的遺傳機制的研究基礎。

達爾文的祖先是猴子？

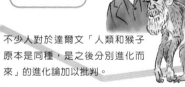

不少人對於達爾文「人類和猴子原本是同種，是之後分別進化而來」的進化論加以批判。

我來保護達爾文！

一位名為赫胥黎的學者，代替體弱多病的達爾文和別人爭論。

寫了許多書

出版了《人類的世系》、《人類與動物的情感表達》、《食蟲植物》等書籍。

我在研究黏菌的過程中有了各式各樣的發現，例如發現好幾種新品種。黏菌是一種看似植物，卻會像動物一樣活動的有趣生物。

這是在田邊發現的稀有動植物。

62歲時，在停泊於神島附近的軍艦「長門」內，為也是知名生物學家的昭和天皇「進講（向地位高的人授課）」。

神島成為天然紀念物！

努力有了回報！

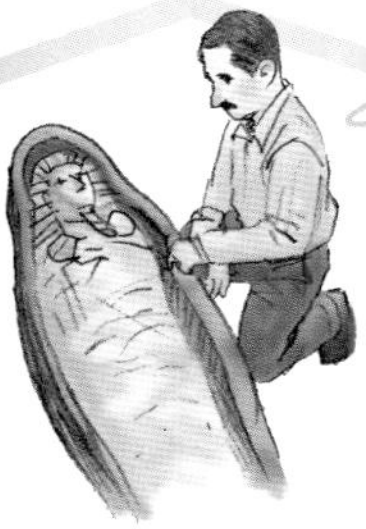

終於見到您了。

據說是「法老的詛咒」使得相關人員在挖掘過程中倒下，但霍華德最後還是見到了圖坦卡門的木乃伊。

把挖掘過程寫下來吧！

霍華德因為這項世紀大發現而備受注目，但他選擇回到英國，過著平淡的生活。

1939年，64歲時去世

他靜悄悄地離開人世，喪禮也只有親戚前來參加。他讓法老王圖坦卡門的木乃伊等，眾多出土品獲得適切的保存，對考古學的研究有著很大的貢獻。

70歲～

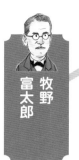

牧野富太郎

《牧野植物學全集》這本書大受好評，還榮獲朝日新聞社頒發「朝日賞」。

從病危中痊癒，然後和以前一樣繼續進行研究。

既然嫌我老，
那我就辭職！
辭呈

77歲時，離開從助手時代起持續工作了47年的大學。

我還沒死！

87歲時曾一度病危，但又忽然醒來，讓周圍的人都嚇一跳。

1957年，94歲時去世

邁入高齡之後，有好幾次都處於病危狀態，雖然每一次都康復，但最後還是撒手人間。後來，富太郎的家變成牧野紀念庭園，故鄉也蓋了一座牧野植物園。

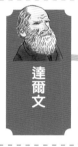

達爾文

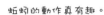

蚯蚓的動作真有趣。

晚年的達爾文幾乎足不出戶，和家人悠哉度日，一邊持續進行研究。他最後寫的一本書，內容是關於蚯蚓的研究。

1882年，73歲時去世

在長年支持達爾文的艾瑪的陪伴下，結束為研究奉獻的一生。遺體被埋葬在倫敦的西敏寺。達爾文的書帶給許多研究者很大的影響，成為研究遺傳、DNA的重大線索。

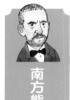

南方熊楠

1941年，74歲時去世

12月29日，望著眼前美麗的花朵幻影，與世長辭。幾年後，昭和天皇緬懷熊楠，吟誦出「凝望陰雨綿綿的神島，思念紀伊國之子南方熊楠」這首和歌。

還有我！

發現傳說中的遺址

德國的海因里希・施里曼自從小時候聽說「特洛伊城遺址」的故事後，便始終念念不忘。後來他長大成為事業有成的富豪，在49歲時決定挑戰挖掘特洛伊城遺址。施里曼將目標鎖定在土耳其的西沙立克山丘，開始挖掘。在眾多考古學者的嘲笑下，兩年後他果真成功挖到據信為特洛伊城遺址的城牆和寶物。

施里曼

比較看看吧！ 世界上各式各樣的博物館

全世界有許多展現該國歷史、文化的博物館。日本也有國立科學博物館、國立民族學博物館等獨特的博物館，比較看看它們的收藏品，很有趣喔！

大英博物館（英國）	收藏古今東西的藝術品、書籍等。
故宮博物院（中國）	收藏中國的古書、繪畫、工藝品等。
開羅博物館（埃及）	收藏圖坦卡門王墓的出土品等。

自然學家、考古學家的聯絡簿

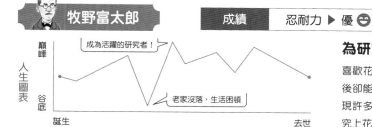

牧野富太郎

成績	忍耐力 ▶ 優	觀察力 ▶ 優	經濟能力 ▶ 可

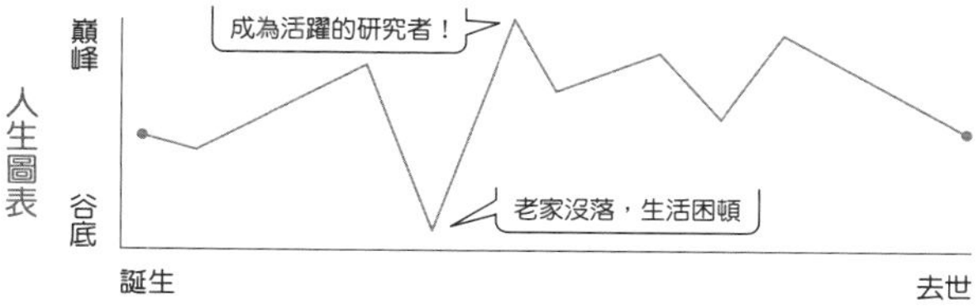

為研究喜愛的花草奉獻人生的植物學家

喜歡花草，踏實地學習相關知識，儘管連小學都沒有念完，最後卻能夠在東京帝國大學授課。憑著驚人的忍耐力和專注力發現許多新品種，為超過1500種的植物命名。然而，因為在研究上花太多錢，導致生活十分困頓。

孟德爾

成績	忍耐力 ▶ 優	好奇心 ▶ 優	運氣 ▶ 可

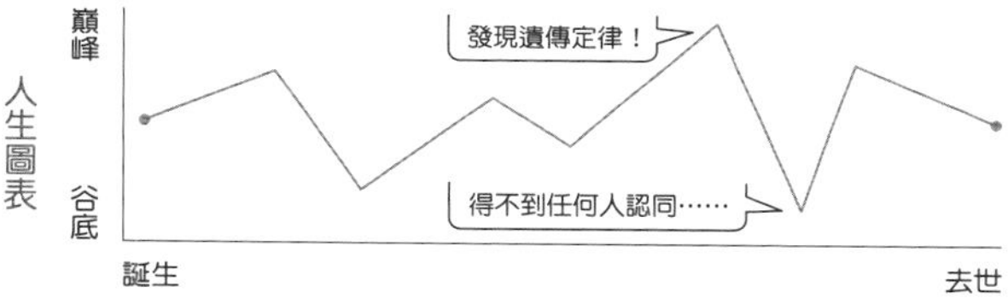

堅持做研究，終於發現遺傳祕密的求道者

雖然基於經濟方面的因素而成為修道士，仍堅持繼續做學問，研究自然科學。自己栽培豌豆、踏實地持續觀察，最後終於有了成為遺傳學基礎的大發現。可是很不幸的，當時的研究者並不理解孟德爾定律，直到他死後才獲得眾人認可。

達爾文

成績	好奇心 ▶ 優	經濟能力 ▶ 優	健康 ▶ 可

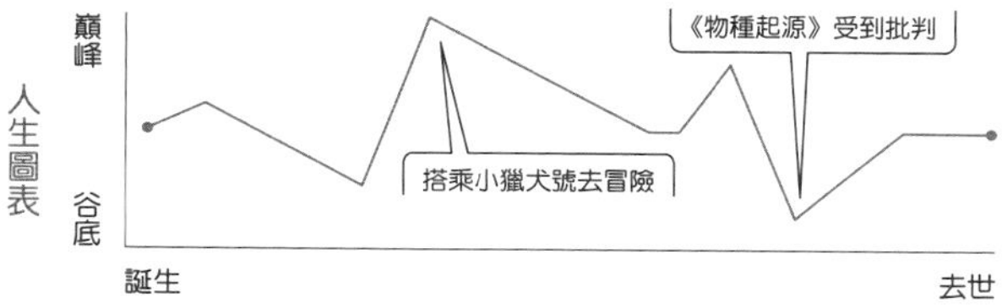

建立研究「進化」基礎的自然學家

多虧生長在富裕家庭，他不必工作也能維持生活。不過他並沒有因為有錢就懶散度日，而是深入地去追求自己感興趣的事物。不受世間常識拘束，靠自己的腦袋思考的能力，讓他最後有了大發現。

南方熊楠

成績	好奇心 ▶ 優	記憶力 ▶ 優	常識 ▶ 可

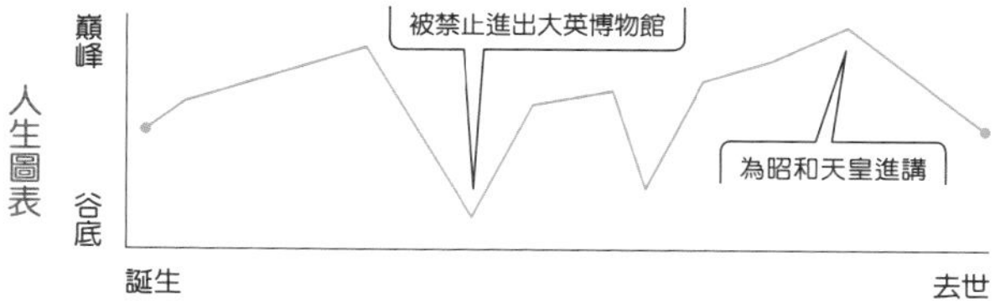

研究所有事物的「行走百科全書」

對很多事情都感興趣，靠著抄寫、記憶讀過的書籍來累積自然學的知識。另外，他也是神島保存活動等自然保護運動的先驅。不過他在待人接物上有問題，也有不少奇特的行為，在大英博物館就引發好幾次糾紛。

霍華德・卡特

成績	忍耐力 ▶ 優	集結力 ▶ 優	運氣 ▶ 良

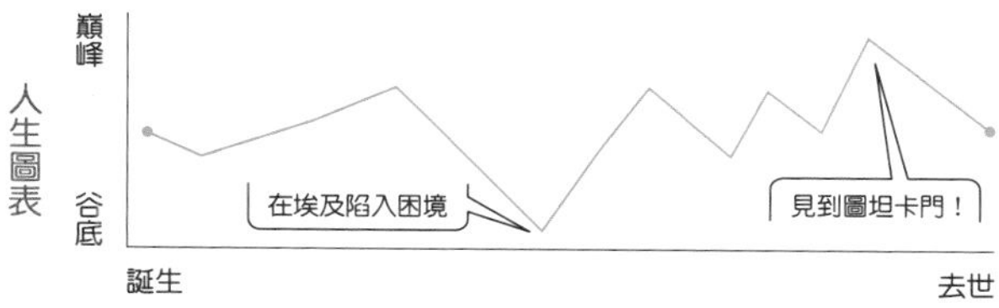

持續追夢，終於有了世紀大發現的考古學家

雖然在埃及也有過很辛苦的時期，不過他發揮強大的忍耐力，終於抓住挖掘的機會。挖掘需要有龐大的資金和人手，而他集結了卡納馮伯爵等許多人的力量，終於發現法老王圖坦卡門的墳墓。大概是把好運都用完了吧？回國後晚年過得相當孤獨。

厄尼斯特‧湯普森‧西頓

動物有著昆蟲所沒有的表情！

偉人資料

愛動物	★★★★★
繪畫能力	★★★★★
冷靜	★★☆☆☆

1860 年，出生於英國的沿海小鎮南希爾茲，是大家族中最小的孩子。活力十足，喜歡在森林裡散步。

和狼王羅伯對決，獲得了勝利！我把對決過程寫成了書。

我成為透過野外活動促進青少年成長的第一代童軍團長！希望藉此教導年輕人大自然的美妙之處。

寫出許多動人故事、好奇心旺盛的動物博士

西頓從小就夢想成為自然學家，卻遭到父親反對，於是他年輕時靠著畫動物插畫、寫動物故事維生。熟悉動物的西頓所創作出來的畫作和故事受到很高的評價，他也因此被認同是一名自然學家。

33 歲時，朋友的牧場的牛隻遭到一頭名叫羅伯的野狼攻擊，而他幫忙抓到了這個棘手的傢伙。38 歲時，他出版了收錄 8 篇動物故事的單行本，結果非常熱賣。

西頓的作品後來成為人氣系列叢書《西頓動物記》，在日本也很受歡迎。

一共 55 篇的動物記終於完成！

我的作品非常暢銷，還曾被拍成電影。

1946 年，86 歲時去世
在自家安祥地永眠。骨灰由家人搭乘飛機撒在大地上，讓西頓回歸大自然。

厄尼斯特‧湯普森‧西頓
最受歡迎的 3 則動物故事

1	狼王羅伯
2	灰熊的一生
3	桑德爾公鹿

對決的

兩人雖然都寫出世界級的暢銷書籍，但是能夠為更多人接受
幼都深受感動的力量。 另一方面， 法布爾的作品則是會挑起
趣之處傳達給大眾， 法布爾在這方面的功勞非常大。 以大眾

以動物記聞名的西頓和以昆蟲記聞名的法布爾，他們是名留青史的動物博士和昆蟲博士，究竟誰比較厲害呢？就讓我們來回顧他們兩人的一生和主要功績吧！

尚・亨利・法布爾

沒有比昆蟲生態更有趣的了！

偉人資料

愛昆蟲	★★★★★
文采	★★★★★
經濟能力	★★☆☆☆

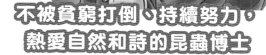

不被貧窮打倒、持續努力，熱愛自然和詩的昆蟲博士

1823 年，出生於南法名叫聖萊翁的鄉村小鎮。3 歲時被託給住在山村的祖父母撫養，於大自然環境中成長。

靠著研究蜜蜂首次得獎！

從全世界收集各種植物， 打造出令我自豪的庭院！我在這座庭院裡觀察自然和昆蟲， 有了許多發現！

我一生總共寫了10集昆蟲記喔！

1915 年，91 歲時去世

91 歲時，在有著廣大庭院、堪稱植物和昆蟲樂園的自家中，靜靜地離開人世。

法布爾出生於貧困家庭。14 歲時不得不離開家，一邊和貧窮搏鬥、一邊努力念書。後來他當上學校老師，因為蜜蜂的研究得獎而增強自信心，從此變得愈來愈熱中於研究。

描述昆蟲生態的《法布爾昆蟲記》第一集是在他 55 歲時出版，最後的第十集問世時，他已經是 84 歲的高齡。堪稱他人生集大成的這部昆蟲記，被翻譯成世界各國語言，受到眾多讀者的喜愛。法布爾喜愛詩詞、富有文采，昆蟲記優美的文章同樣也獲得好評。

我靠著研究昆蟲留下極大的成果。

尚・亨利・法布爾 有「記」字的三大著作

1	法布爾昆蟲記
2	法布爾植物記
3	法布爾博物記

總結

，大概是西頓的作品吧， 因為動物的故事有著能夠令男女老
們求知的好奇心。 堅持不懈地觀察神祕的昆蟲生態， 將其有
受度來說是西頓， 以狂熱程度來說則是法布爾獲勝。

更多比較！

追尋真理的哲學家

人是為何而活？人生又是什麼？以下這4位哲學家透過無數的「為何？」、「為什麼？」，探索人應該如何活出更好的人生。就讓我們來比較一下他們的想法吧！

蘇格拉底

西元前469年左右，出生於古希臘的雅典。以戰士身分參與過伯羅奔尼撒戰爭，之後向民眾講述生存之道。

笛卡兒

1596年出生於法國的拉海鎮，全名是勒內・笛卡兒。著有《方法論》、《沉思錄》、《哲學原理》等書，被稱為近代哲學之父。

知道自己「一無所知」是非常重要的事

在蘇格拉底生存的古希臘，有一群擅長辯論、名為智辯家的人們非常自以為是。

所謂辯論，是在眾人面前說出自己的意見，而智辯家們十分自豪自己無所不知。

蘇格拉底認為，比起誤以為自己「無所不知」的智辯家們，知道自己「一無所知」的人要來得有救一點。

因為如果知道自己「一無所知」，就會懂得要往哪個方向去學習。

蘇格拉底向智辯家和政治家掀起論戰，直指他們只是假裝很懂而已。那樣的行為使他招來怨恨，最後被判處死刑。

據說，他在妻子贊西佩面前抬不起頭。贊西佩是有名的悍妻，蘇格拉底曾留下「只要有潑辣的妻子，就能像我一樣成為哲學家」這句話。

唯有懷疑一切的自己是毋庸置疑的真理

據說笛卡兒的身體虛弱，經常得躺在床上休養。雖然他的身體狀況嚴重到被學校允許遲到，但是他就連躺在床上的時候，也會不同於一般人地思考著許多事情。

笛卡兒同時也是一位著名的優秀數學家。比方說我們小學時學到的「座標」，就是笛卡兒發明的。

笛卡兒認為哲學也和數學一樣，可以得出正確的解答。於是，無論對什麼事情都抱持懷疑的心態，認為只要稍微有可疑之處就不是真相的他，得出了「唯有心存疑念的自己，才是毋庸置疑的答案」這個結論。而這正是「我思，故我在」這句名言的意思。

世上所有事物都值得懷疑。唯有自己懷疑各種事物的想法，是毋庸置疑地真實存在著。

留下「思考線索」的哲學家

除了說「人是會思考的蘆葦」的帕斯卡之外，其他哲學家也都留下了各種名言。探索真理的哲學家的話如右表所示，即使是短短的一句話，卻都意味深長、十分耐人尋味。大家如果有喜歡的句子，以後不妨可以讀讀看他們的書。

哲學家的名言

亞里斯多德	幸福與否取決於自己。
柏拉圖	眼睛是心靈之窗。
弗里德里希・尼采	上帝已死。
法蘭西斯・培根	知識就是力量。

帕斯卡

1623年出生於法國的克萊蒙，全名是布萊茲・帕斯卡。除了哲學以外，在物理學和數學方面也很有成就，像是發現「帕斯卡原理」等。

康德

1724年出生於東普魯士的柯尼斯堡（現在屬於俄羅斯），全名是伊曼努爾・康德。他建立了近代哲學「德國觀念論」的基礎。

人類雖然渺小，卻是有思考能力的存在

從小熱中於學習數學和物理學，16歲時就發表了「帕斯卡定律」，是知名的早熟天才。為了幫忙從事收集稅金工作的父親，他還發揮發明的才能，製造出名為「加法計算器」的計算機。之後，他又留下「帕斯卡原理」、「帕斯卡三角形」等在物理學、數學方面名留青史的重大發現。另外，他也想出名為「五馬牽引馬車」的公共交通工具，線路固定、可載運眾多市民（是現代公車和電車的起源）。

在考察過哲學、宗教等各種主題之後，他完成了著作《思想錄》，書中留下了「人是會思考的蘆葦（一種禾本科植物）」這句名言。雖然以39歲的年紀很早就過世了，卻是為後世留下許多貢獻的偉人。

帕斯卡說：「從無限寬廣的宇宙來看，人就好比一根蘆葦。可是，人是有思考能力的蘆葦。」

比起「個人利益」，「眾人的利益」更重要

就讀位於出生地的柯尼斯堡大學，後來當上那裡的教授。眾所周知，他是個非常守時的人，無論起床、吃飯、散步，全部都有固定的時間。

時間精準到只要看到康德外出，就能知道現在是幾點。

他終生單身，也幾乎沒有離開過生長的城市。

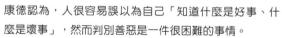

康德認為，人很容易誤以為自己「知道什麼是好事、什麼是壞事」，然而判別善惡是一件很困難的事情。

人一旦將對自己有利、能帶來幸福的事情斷定為「好事」，就會做出錯誤的判斷。

因此，思考並壓抑自己，去實踐「對大眾有利的好事」，才是最重要的。

對自己有利的事情，很多時候對其他人而言卻是不利的，所以要一起找出大家都能接受的答案。

PART 6

醫學家的比較

醫學相關的偉人有各式各樣的類型，有的是醫治患者，有的則是研究疾病的起因、去找出治療方法。讓我們來比較一下為了人們的健康，將人生奉獻給醫學的偉人吧！

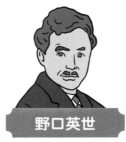

偉人檔案		誕生
 野口英世	1876 年出生。20 歲時取得醫師執照，後來前往美國研究蛇毒並因此受到注目。後來他的梅毒研究獲得全世界好評，甚至成為諾貝爾獎的候選人。1918 年開始，致力於研究黃熱病。	出生於福島縣的豬苗代町。原本被取名為清作，後來才改名為英世。父親很少工作，家境十分貧困。
 史懷哲	1875 年出生。全名是阿爾伯特・史懷哲。20 多歲時的他，本來是一名牧師和風琴演奏家，為了到非洲從事醫療服務，他從 30 歲才開始學習醫學。在非洲當地行醫長達 50 年。	出生於德國的凱薩斯堡，後來搬到名叫金斯巴克的鄉村小鎮。父親是教會牧師，生活不愁吃穿。
 北里柴三郎	1853 年出生。成功完成破傷風菌的純培養，發現破傷風的免疫血清療法。另外，也在鼠疫桿菌、白喉的研究上留下實績。成立北里研究所，培育出發現志賀氏菌的志賀潔等多位醫學家。	出生於熊本縣阿蘇郡小國町，是 9 個孩子中的長子。家中代代都是村子裡的村長。
 詹納	1749 年出生，全名是愛德華・詹納。發現預防天花這種人傳人感染病的「牛痘種痘法」，從據說 3 人染病會有一人死亡的天花手中，拯救了許多人的生命。	出生於英國一個農業興盛、名叫柏克利的村莊。父親是教會的牧師，共育有 6 子，而愛德華在家中排行老么。
 巴斯德	1822 年出生，全名是路易・巴斯德。發現酒發酵、食物腐敗的原因，是因為微生物的作用。另外，他還進一步改良詹納的種痘法，成功開發出疫苗。	出生於法國一個自然環境豐富、名叫多勒的村莊。父親是鞣皮工匠，生活樸實卻十分平靜。當時，罹患狂犬病的野狼和狐狸令人們很頭痛。

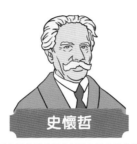

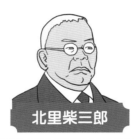

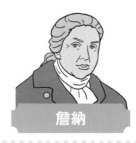

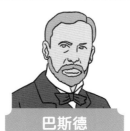

孩童時代　　　　15歲

左手受到嚴重燒傷

手指和手指因為燒傷而黏在一起，變得像棒子一樣，所以其他人替他取了「手棒」這個綽號來取笑他。

由於成績優秀，4年級時當上代替老師授課的「學生長」。

我靠著學問讓大家刮目相看！

5歲學習鋼琴

好美的音色……!!

只有我穿好衣服……

在貧窮家庭居多的村子裡，只有自己不愁吃穿這件事讓他感到很不自在。

非洲那裡有著和我們不一樣的人……

和母親來到柯爾瑪的廣場，在那裡見到神情哀傷的黑人雕像，內心深受震撼。

熱中於劍術

父母十分熱中於教育，柴三郎卻對武士和軍人滿懷憧憬。

比起念書，我比較喜歡武術！

18歲時，在父母的勸導下進入熊本的醫學所就讀，向荷蘭的醫學家曼斯費爾德學習醫學和荷蘭文。

唔，我不想當醫生耶……

父母雙亡

你要和哥哥一起加油喔！

被哥哥撫養長大。

燕子們要去哪裡呢……？

是個對一到冬天就會消失的候鳥感興趣、喜好大自然的少年。

從村裡的醫生拉德洛口中，聽說人們深受天花所苦，於是決心從醫。

醫生，天花無法醫治嗎？

請救救這隻小鳥！

是個會為了被獵槍打到的小鳥流淚的善良孩子。

觀察力非常好，很擅長畫畫。

比起當畫家，現在更重要的是讀書！

16歲時，本來不想念高中、想去當畫家，但是校長希望他不要浪費自己的才能，勸他繼續升學。

20歲　　25歲

野口英世

靠手術治好了左手！

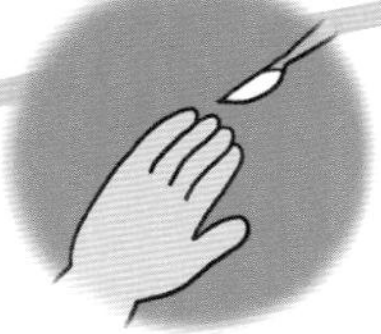

學校老師幫忙籌措了手術費用。

醫學太厲害了！
我也要當醫生！

英世努力取得醫師執照後，23歲時決定前往美國、成為研究者。

留學前慶祝一下！

因為把留學經費全部花在宴會上等情事，恩師有好幾次都幫他出錢。

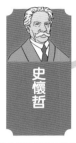

史懷哲

由於父親是牧師，
因此在大學學習神學

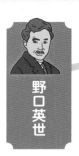

30歲以前一直專注於喜歡的學問和藝術，後來決定為了人們而活，每天都過得非常忙碌。

看見關於非洲人為疾病所苦的新聞。

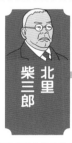

北里柴三郎

第一次透過顯微鏡看見人體組織，為醫學的博大精深感動不已。

21歲時，進入東京醫學院就讀。同時也在劍術比賽、演講比賽中表現活躍。

詹納

21歲時，在倫敦的著名醫學家杭特身邊開始正式學習醫學。

回故鄉當醫生

可以放心了喔！

聽說曾經感染過牛痘的人不會得天花，於是開始調查牛隻。

巴斯德

進入巴黎的高等師範學院就讀，卻因為想念家鄉而生病。

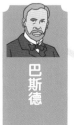

成為研究者的巴斯德26歲時，在名為「酒石」的結晶研究上有了重大成果，因此聲名大噪。

27歲時結婚！

30歲　35歲　40歲

既然要研究醫學，
就什麼都要做！

到了美國後，他開始研究蛇毒，並且在梅毒這項傳染病的研究上獲得極大的成功。

相隔15年才回國
和母親重逢

接下來要去南美
研究黃熱病！

為了調查黃熱病的起因，他到南美厄瓜多、非洲等各國進行研究。

30歲時就讀醫學系

我們一起去非洲吧！

為了拯救非洲的人們，他學習醫學，和學習護理學的妻子海蓮娜一起前往非洲。

不管有多辛苦，我都
不會放棄醫治病患！

抵達非洲時，當地連診療所都沒有，但是他和海蓮娜非常有毅力地持續治療病患，因此獲得當地人們的信任。

是我崇拜的

32歲時到德國留學，在細菌學權威柯霍醫師手下進行研究。

發現破傷風的治療方法！

做出血清了。

沒想到回國後找

柴三郎在德國有了不起的實績後回國，卻遲遲找不到工作，後來才在福澤諭吉（P.80）的幫助下成立傳染病研究所。

擠牛奶的女工總是
很健康。難道是牛
痘這種牛的疾病傳
染給人後，在人體
內形成了對抗天花
的免疫力……？
牛痘很快就
會痊癒喔～

天花在歐洲大流行

要證明預防方法，必須
進行危險的測試……

要證明牛痘的預防效果，必須先在人們身上「種痘」，然後故意使其染上天花。

這個酒為什麼
酸酸的？

受到釀酒業者的請託，研究酒自然變酸的原因。

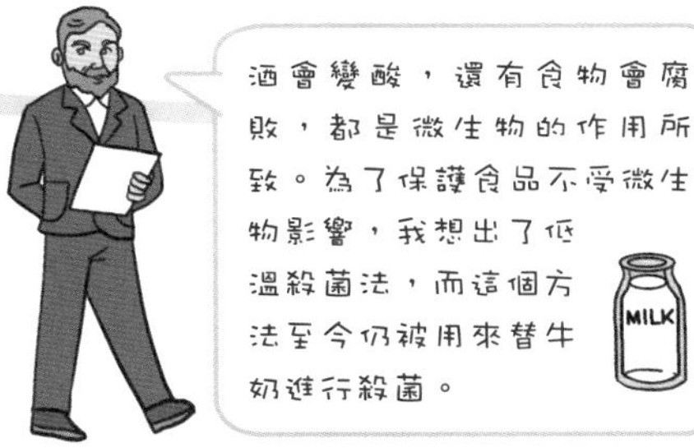

酒會變酸，還有食物會腐
敗，都是微生物的作用所
致。為了保護食品不受微生
物影響，我想出了低
溫殺菌法，而這個方
法至今仍被用來替牛
奶進行殺菌。
MILK

為了微生物的研究內容，和其他學者發生爭論。

45歲　　50歲

野口英世

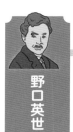

黃熱病是透過蚊蟲叮咬而散播的疾病。我「世界名醫野口」一定要找出病原體!!

研究到最後，連他自己都染上黃熱病倒下，說出了「我不明白……」這句話。

1928年，51歲時去世

在非洲進行研究時染上黃熱病，於當地去世。其實黃熱病的致病原因，並非英世所尋找的病原體，而是憑當時的顯微鏡看不見的病毒。

史懷哲

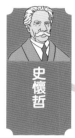

希望戰爭快點結束。

39歲時，戰爭開打，暫時無法繼續醫治病患。那段期間他寫了很多文章，將自己的想法整理出來。

有人正在等我。

49歲時留下海蓮娜和女兒，再次前往非洲。

和村民一起重建殘破的醫院。

北里柴三郎

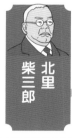

這是能拯救世界的大發現！

41歲時，在香港發現鼠疫桿菌，成為全世界注目的焦點。

發現志賀氏菌！
發現梅毒藥物！
我培育出許多優秀的醫學家。

志賀潔　野口英世　秦佐八郎

擔任所長的傳染病研究所裡，聚集了許多名留醫學史的優秀人才。

詹納

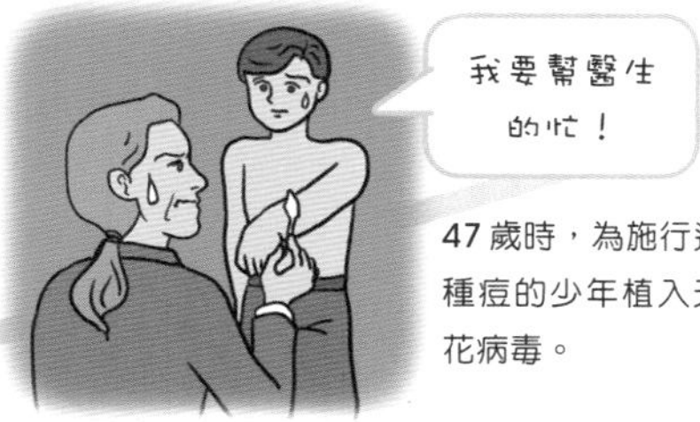

我要幫醫生的忙！

47歲時，為施行過種痘的少年植入天花病毒。

少年沒有發病，證明了種痘確實有效。

大家來種痘吧！

50歲時發表種痘的效果，但當時大家認為「怎麼能讓人染上牛的疾病呢？」，沒有人要理會他。

巴斯德

女兒相繼過世

我還沒有輸！

悲傷之餘，他自己也因為腦出血而倒下，雖然左半邊的身體變得行動不便，他仍堅持繼續從事研究。

我費心製作了不會讓微生物跑進去的「鵝頸瓶」，證明只要不接觸飄散在空氣中的微生物，東西就不會腐敗。

醫學家專欄

偶然間發現的「奇蹟之藥」

醫療是靠著眾多醫學家辛勤研究發展而來，但是也有偉人是在偶然之間有了重大發現。

英國的細菌學家亞歷山大・佛萊明的桌上，總是散落著各種實驗器材。

有一天，實驗到一半就擱置在那裡的培養皿發霉了。

他用顯微鏡觀察那個培養皿之後，發現只有發霉的部分沒有細菌，因此得知，黴菌具有殺死細菌的效果，進而發現了被稱為「奇蹟之藥」的盤尼西林。

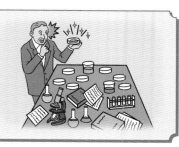

在新醫院四周開闢果樹園和農田，分享食物給來醫院的人。

透過慈善鋼琴演奏會和演講等，告訴大家非洲人民的處境。

從全世界募集到物資！

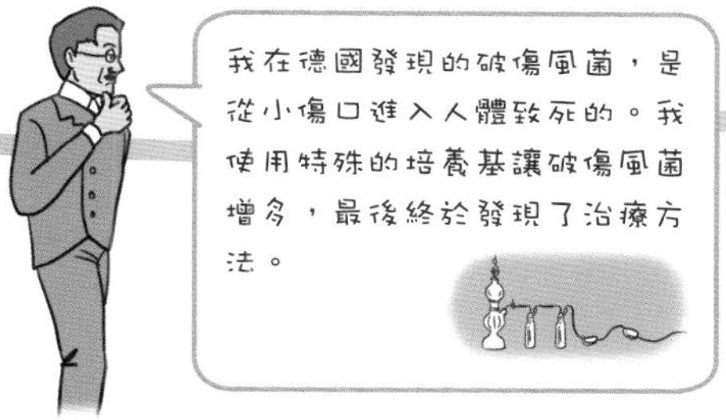

我在德國發現的破傷風菌，是從小傷口進入人體致死的。我使用特殊的培養基讓破傷風菌增多，最後終於發現了治療方法。

成立北里研究所！

64歲時，幫助福澤諭吉開設的慶應義塾大學成立醫學科，並擔任醫學科長。

種痘的效果漸漸受到認同，55歲時獲得敵國皇帝拿破崙（P.104）的饋贈。

成立國立種痘機構，擔任所長。

回到故鄉柏克利，一邊行醫、一邊研究鳥類，過著悠哉的生活。

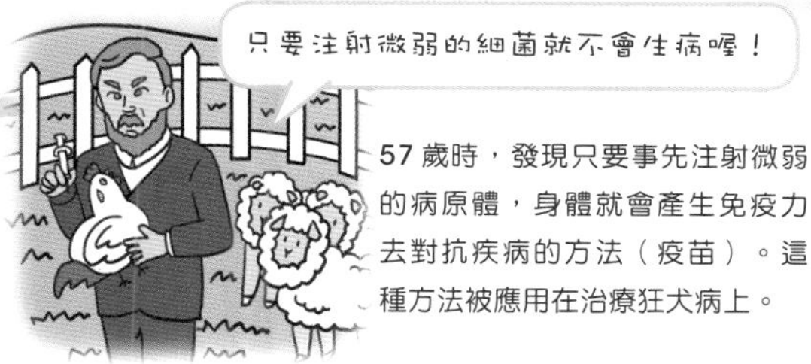

只要注射微弱的細菌就不會生病喔！

57歲時，發現只要事先注射微弱的病原體，身體就會產生免疫力去對抗疾病的方法（疫苗）。這種方法被應用在治療狂犬病上。

成功治療狂犬病！

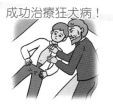

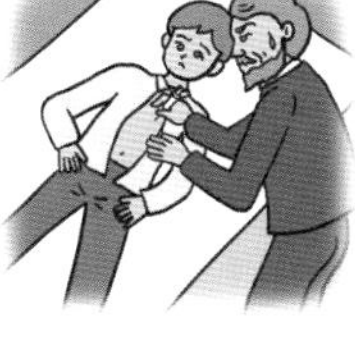

對人類投予疫苗首次成功。

我所研究的疫苗，至今仍被用來預防病原體所引發的疾病。大家應該都接受過預防接種吧？

70歲～

史懷哲

這裡真是動物的樂園啊……

在診療的空檔，和鹿、鵜鶘等動物們接觸是他的一大樂趣。

78歲時，我獲得諾貝爾和平獎。最令我開心的是，我能夠用諾貝爾獎的獎金，在非洲為痲瘋病患者興建醫療村。

海蓮娜……
謝謝妳……

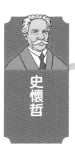

82歲時，妻子海蓮娜在瑞士去世。遺體被埋葬在非洲的蘭巴雷內。

1965年，90歲時去世

在非洲的蘭巴雷內過世。據說他去世前一刻，曾向自己所種植的許多樹木道聲「永別了」。遺體被埋葬在蘭巴雷內的海蓮娜的墓旁。

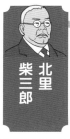

北里柴三郎

我獲得了男爵的稱號！

73歲時，成為列寧格勒微生物學會、維也納微生物學會的榮譽會員，在海外也獲得很高的評價。

1931年，78歲時去世

傭人發現他在家中如睡著一般，安祥地去世。柴三郎所設立的北里研究所，後來成立了北里大學，是醫學、藥學、護理學等各種領域人才薈萃之地。

詹納

我寫了關於候鳥的論文！

持續研究自小便很感興趣的候鳥，並且整理成論文。

1823年，73歲時去世

發表候鳥論文不久之後，便安祥地離開人世。詹納的研究在巴斯德等人的努力之下持續發展，連日本的江戶時代都有進行種痘。

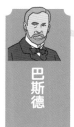

巴斯德

成立了和各種疾病搏鬥的研究所！

透過向全世界進行募款，成立了巴斯德研究所。巴斯德72歲時，巴斯德研究所成功製造出白喉的疫苗。

1895年，72歲時去世

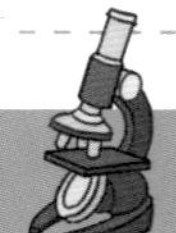

死於幾種疾病的併發症，遺體被埋葬在巴斯德研究所的教堂內。巴斯德去世後，研究所內的微生物學、血清學、生物化學等一流研究者們，仍日以繼夜地持續進行研究。

醫學家的聯絡簿

野口英世

成績	毅力 ▶ 優	專注力 ▶ 優	金錢觀 ▶ 可

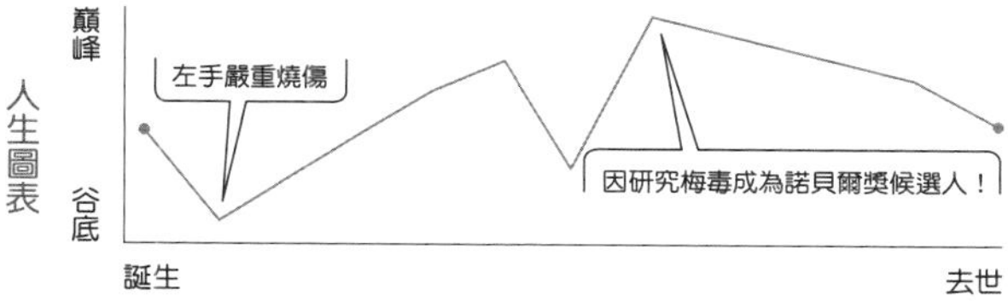

離開日本和傳染病奮戰的「世界名醫野口」

英世沒有向左手的殘缺低頭、努力念書，而且還因為治療左手而立志從醫。他憑著罕見的專注力研究傳染病，是一位開拓治療道路的偉人。可是，他也有不知節制的一面，像是把留學經費全部花在宴會上等等。

史懷哲

成績	慈愛 ▶ 優	執行力 ▶ 優	勇氣 ▶ 優

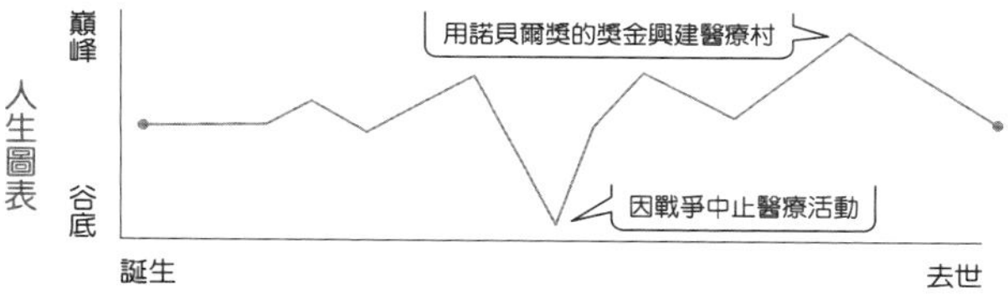

奉獻自己、拯救非洲人民的醫師

不顧周圍其他人的反對，從30歲開始習醫，下定決心要前往非洲。當時，非洲被稱為是危險的「黑暗大陸」，如果不是心懷大愛，具有強大的執行力及勇於面對困難的勇氣，想必是無法在非洲從事醫療服務的。

北里柴三郎

成績	頑固 ▶ 優	彈性 ▶ 可	栽培能力 ▶ 良

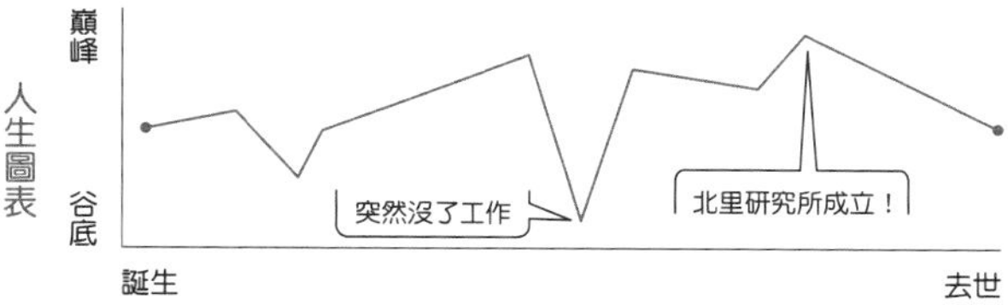

至今仍名留大學的嚴父

他的個性雖然固執到被稱為「嚴父」，卻會朝著自己認為正確的道路不斷前進，憑著天生的毅力堅持不懈地做實驗，對於研究破傷風菌、鼠疫桿菌有很大的貢獻。另外，他還打造了北里研究所等優良的環境，栽培繼承其志向的醫學家們。

詹納

成績	忍耐力 ▶ 優	決斷力 ▶ 優	亮眼程度 ▶ 可

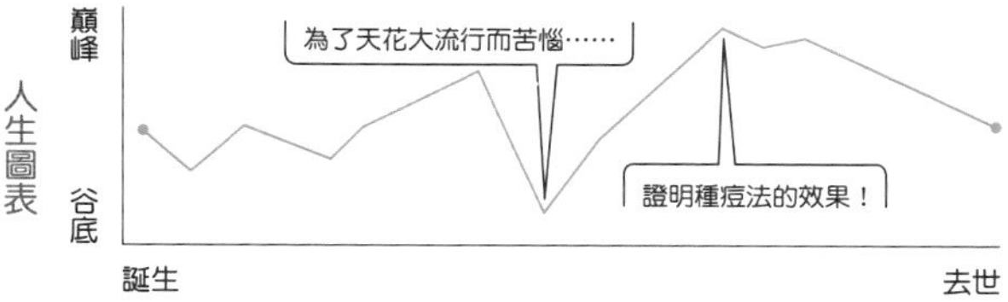

憑著忍耐力和決斷力打敗天花的救世主

為了拯救人們擺脫天花威脅，堅忍不拔地進行醫學研究，同時也擁有很強的決斷力，去執行不容許失敗的種痘法測試。儘管做出輝煌的實績，認為「財富和名聲不適合我」的他，晚年選擇低調地平靜度日。

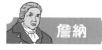

巴斯德

成績	觀察力 ▶ 優	專注力 ▶ 優	健康 ▶ 可

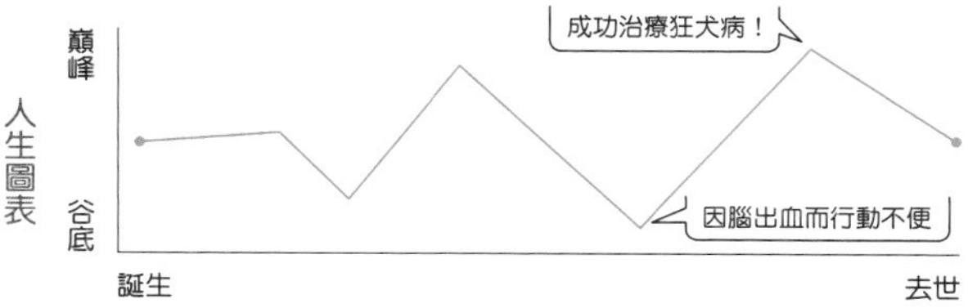

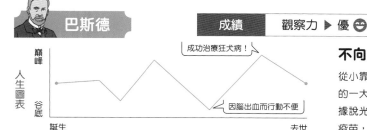

不向惡運低頭、埋首研究的細菌學之父

從小靠著畫畫養成的觀察力和專注力，成為他後來身為研究者的一大武器。大半的研究生活都處於左半身行動不便的狀態，據說光是拿起實驗器材就會感到劇痛，但他仍憑著毅力開發出疫苗，對於醫學的進步貢獻甚大。

伊麗莎白・布萊克威爾

我可是活躍程度不輸給男性的醫生！

偉人資料

執行力	★★★★★
彈性	★★★☆☆
善良	★★★★★

1821 年，出生於英國布里斯托，是 11 個孩子中的三女。伊麗莎白出生的時代，沒有任何女醫生。

我不向男性的排擠屈服，成功取得醫師執照！

成為世界首位女醫，創立女性習醫的學校

24 歲在照顧罹癌女性時，因為聽到了「真希望不是男醫生，而是女醫生替我看病」這句話，而立志成為世界第一位女醫。她寫信給多間醫學院，好不容易才獲准進入紐約的醫學院就讀。她沒有向「女性不可能成為醫生」這樣的挑釁話語屈服，非常用功讀書，終於在28歲時取得醫學學位。

雖然後來她的視力在一場醫療事故中受損，但是她成立了女性可以習醫的學校，並且也幫忙在倫敦設立女醫學校，為世間培育出許多女性醫師。

終於開設自己的醫院。這間為女性和孩童成立的醫院位在紐約，至今還存在喔！

晚年和養女凱蒂一起，平靜地生活。

1910 年，89 歲時去世
終生單身，在和養女凱蒂一起生活的倫敦郊外小鎮過世。

雖是女性，要是顧慮太多就什麼也做不了！

伊麗莎白・布萊克威爾的
三大「厲害之處」

1	成為世界首位女性醫師
2	創立女性習醫的學校
3	擁有不輸給男性的能力

對決的

兩位都是出生在人們對於女性從醫懷有偏見的時代。伊麗莎Ｅ醫學。另一方面，南丁格爾則是倡導護理的重要性，提升過去也考慮進去，這兩位的功績實在很難分出優劣，因此這場對》

距今大約兩百年前，醫療和護理的常識和現在截然不同。為醫學的世界注入新思維、名留青史的醫師和護理師，這兩人的對決結果會是如何呢？

佛羅倫斯・南丁格爾

> 我讓大家明白護理的重要性。

偉人資料

執行力	★★★★★
彈性	★★★☆☆
善良	★★★★★

1820 年出生於義大利的佛羅倫斯。當時，護理師這份工作不太受到重視，護理師本身的職業意識也不高。

> 我不願家人反對，堅持學習護理！

> 在克里米亞戰爭中照顧受傷的士兵。

> 大概是過去太勉強自己了，我變得不太能夠離開家門。不過，我寫了許多文章，還會給予年輕人建議喔！

1910 年，90 歲時去世
在自家過世。死後，國際紅十字會製作出「南丁格爾勳章」，藉此表揚了不起的護理師。

在危險戰地照顧患者，被譽為「克里米亞的天使」

南丁格爾生長在地主之家，家境十分富裕。可是她看見窮苦的人們後，對自己奢侈的生活產生懷疑，因而成為幫助有難之人的護理師。33歲時，克里米亞戰爭爆發，她來到危險的戰地治療患者。當地的醫院環境髒亂不堪，而她不僅幫忙清潔病床，還製作出營養均衡的食物，使得患者的死亡率大幅下降。

回國後，她寫書推廣正確的護理方式，改變了護理師的觀念想法。另外，她在克里米亞所做出的貢獻受到表揚，因此得以成立「南丁格爾護理學校」。

> 就算對方是醫生，我也會勇於表達自己的意見！

佛羅倫斯・南丁格爾的 三大「厲害之處」

1	拋棄衣食無虞的生活，成為護理師
2	在克里米亞拯救許多人命
3	推廣正確的護理方式

總結
...了自己當醫生之外，還為後人鋪路，讓其他女性也得以學習
...到輕視的、護理師這份工作的地位。將對後世帶來的影響力
...成平手！

更多比較！

活躍於江戶時代的醫學家

由於西洋醫學知識的傳入，日本的醫學在江戶時代急劇地發展。就讓我們來比較一下，為了打開通往近代醫學之門而努力，在日本醫學史上留名的4位偉人的一生吧！

西博德

1796年出生於德國，全名是菲利普·法蘭茲·馮·西博德。一邊行醫，一邊開設學堂教導西洋醫學知識。

傳授西洋醫學的功勞甚大，卻在回國時引發大問題

出生於醫生家庭，自然而然也想成為醫生的菁英。27歲時來到日本，擔任荷蘭商館的醫生，結果有許多想要學習西洋醫學的人來拜訪他。西博德開設學堂，教導學生們西洋知識，為日本醫學日後的發展創造了契機。

西博德所開設的鳴瀧塾的學生中，有高野長英等許多後來成為偉大醫學家的人物。

西博德對日本文化很感興趣，扮演了將日本文化傳至西洋的角色。他從日本回國時帶了植物標本等許多物品回去，但是被發現裡面包含了當時禁止帶到國外的日本地圖，結果有好幾名相關人士因此受到嚴懲。西伯德本人則是被禁止再來日本，不過後來獲得許可，於是他又再度來到日本。

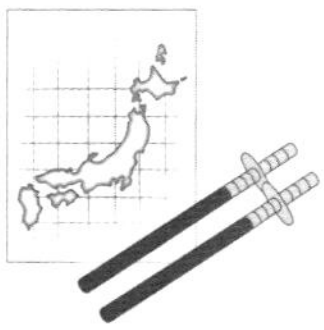

緒方洪庵

1810年出生於岡山縣。在大坂開設學堂，栽培許多年輕人。也對治療天花投注熱情，被稱為「日本近代醫學之祖」。

對種痘的普及有很大貢獻！培育福澤諭吉的名門學堂老師

開設名為「適塾」的私塾，是培育許多優秀人才的人物。洪庵是在27歲時開設學堂，當時已成為西洋學問專家的他，門下聚集了許多學生。適塾裡，是以西洋的醫學書籍和物理學書籍作為教科書，福澤諭吉（P.80）等好幾位優秀人才都是畢業自這間學堂。

種痘指的是天花的預防接種，種痘的普及預防了天花的流行。

他對於推廣種痘，以有效治療死亡率很高的天花，有著非常大的貢獻。詹納所想出來的種痘法傳到日本後，緒方洪庵和同伴一起在大坂成立種痘所，為預防和治療天花盡心盡力。後來在1980年，世界衛生組織（WHO）宣布天花已經從世界上根除。

還有我們！江戶時代的醫學家

提起江戶時代的醫學家，《解體新書》的譯者之一前野良澤，還有開設「佐倉順天堂」的佐藤泰然也很有名。另外，像是「尚齒會」的幹部高野長英、埋首研究古典文學的本居宣長等等，也有不少人在各個領域表現活躍。

江戶時代的主要醫學家

前野良澤	和杉田玄白一起翻譯 *Anatomische Tabellen*。
高野長英	知識分子交換情報的「尚齒會」的中心人物。
佐藤泰然	開設兼辦醫學學堂的醫院「佐倉順天堂」。
本居宣長	在研究古典文學的領域留下卓越的研究成果。

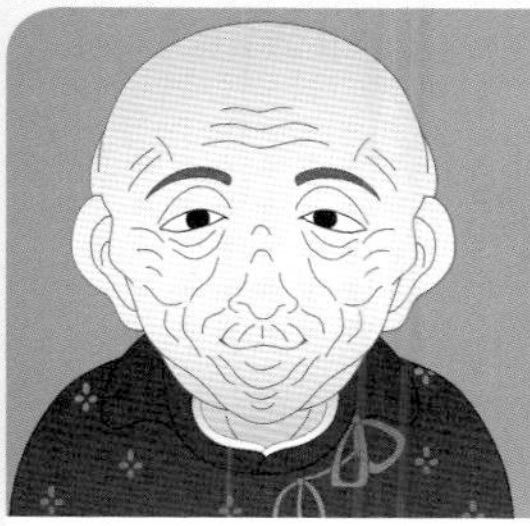

杉田玄白

1733年出生於江戶（現在的東京都），是醫生之子。和同伴一起翻譯荷蘭的醫學書籍，對於促進醫學發展很有貢獻。

讓人體構造廣為人知，奠定日本解剖學的基礎

杉田玄白是在日本推廣西洋醫學的偉人。繼承父親衣缽成為醫生的玄白，37歲的時候看了 *Anatomische Tabellen* 這本荷蘭語醫學書，因裡面詳細的人體解剖圖而深受震撼。後來，他參加死刑犯的人體解剖，確認書中的解剖圖非常正確。

人體解剖是在1754年進行，那是日本首次的人體解剖。

杉田玄白和同伴一起合作，致力於翻譯 *Anatomische Tabellen*。當時並沒有荷蘭語的字典，要翻譯專有名詞眾多的文章極其困難，但他們還是花了3年以上的時間，努力完成譯本《解體新書》。這本書帶給以中醫為主的日本醫學界很大的影響，並且為醫療技術的急速進步創造了契機。

華岡青洲

1760年出生於和歌山縣，是醫生之子。他調合了好幾種藥草，獨自開發出麻醉藥，以進行重症手術。

完成首次全身麻醉手術！治療不治之症的天才醫師

華岡青洲是全世界第一位進行全身麻醉手術的醫生。他從中國的華陀所製造的麻醉藥中獲得靈感，花了20年時間不停研究和實驗，最後終於成功開發出全身麻醉藥。這個麻醉藥使用了會令人產生幻覺的洋金花成分，開發過程中，母親和妻子都幫忙擔任人體實驗的受試者。

1804年，他對病情嚴重到被其他醫生放棄的乳癌患者，進行全身麻醉的乳癌摘除手術，結果手術非常成功。後來，青洲又進行了多場手術，成為名聲大噪的名醫。

然而，他並沒有擺架子或鋪張浪費，而是將熱情投注在治療患者和栽培弟子上。

就連過去被視為不治之症的疾病，也因為使用全身麻醉，變得能夠透過手術進行治療。

PART 7

教育家、領袖的比較

所謂教育家是培育人才的人，領袖則是引導人們走向正確道路的人。就讓我們來比較看看，以熱情和智慧為武器、成為社會的領導者，帶給許多人深遠影響的偉人們的人生吧！

偉人檔案	誕生

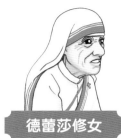

德蕾莎修女

1910年出生，持續為印度貧民們服務奉獻的修女。犧牲奉獻的精神受人尊敬，吸引許多同伴來到她的身邊。贊同她理念的許多人們，至今仍持續展開活動。

在從前為鄂圖曼帝國領土、名為斯科普里的城市裡，出生於一個虔誠的基督教家庭。德蕾莎修女是3個孩子中的老么。

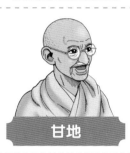

甘地

1869年出生，全名是莫罕達斯・甘地。因為發起不使用暴力、絕對不服從不公平法律的「非暴力不服從運動」而廣為人知，引領過去是英國殖民地的印度走向獨立。

出生於印度的港口城市，那裡曾經是英國的殖民地。甘地一家都是虔誠的印度教信徒，另外，父親是土邦波爾本達爾的首相（位階最高的政治家），家境富裕。

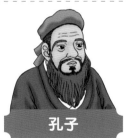

孔子

出生於西元前552年（也有一說是551年）。奠定以中國為中心，向東亞各國傳布的「儒學」基礎。另外，他也以官員身分參與過國家政治。本名是孔丘，孔子的「子」是一種尊稱，為「先生」、「老師」的意思。

出生於魯國的曲阜。父親是軍人，母親據說是巫女。由於自嬰兒時期頭頂就凹陷，所以被取名為孔丘。

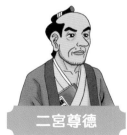

二宮尊德

1787年出生。原本是農民，經過一番苦讀後，為600個以上的貧困村子重整財政。他被稱為「報德仕法」的想法，也為日本的農業發展帶來很大的影響。通稱為「金次郎」。

出生於神奈川縣的農家。家中本來生活富裕，但是因為父親太過善良，經常把錢和米分給窮人，使得家計變得拮据起來。

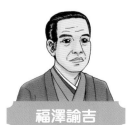

福澤諭吉

1835年出生。到國外學習各國文化，並以此經驗幫助日本文明開化。是《勸學》、《西洋事情》等長銷書籍的作者，也是開設慶應義塾的名人。

侍奉大阪中津藩的武士之子。因為是在父親得到中國法律書《上諭條例》那天出生的，所以被取名為諭吉。

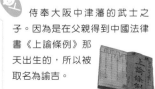

孩童時代 15歲

9歲時父親去世

印度的情況
好嚴重啊～

是一名喜歡在教堂聽神父說話的少女。從神父口中聽說印度的悲慘狀況。

媽媽，
再見……

決定成為修女，在印度生活。母親煩惱了很久，最後還是送走了德蕾莎。

個性善良內向

小時候個性害羞，不擅長與人交際。

少年時，曾經吃過印度教禁止的葷食，還偷傭人的錢。

我曾在朋友的引誘
下做過壞事……

今後我要成為
品德高尚之人！

15歲時，將過去的惡行寫在筆記本上，向病榻中的父親坦白，從此改過自新。

我也想變成像周公
那樣的人。

從小就很崇拜中國古代偉大的政治家周公。

父親在他小時候過世，為了支撐家計而開始工作。

15歲時，決定靠著學問出人頭地。積極地向老師、長老請教，吸收知識。

請告訴我這個
國家的歷史！

因為災害失去家中的田地

父親……
嗚嗚嗚……

13歲時父親去世，兩年後母親也過世，尊德於是搬到祖父家生活。

哇，好厲害！
即使在工作也
能一邊讀書。

為了重振二宮家，他一邊讀書、一邊拚命工作，就算周圍的人笑他，他也毫不在意。

出生沒多久父親就去世

凡事都要自己試過才願意接受的他，還曾試圖確認會不會因為對神佛惡作劇而遭到天譴。

把神明的石頭換成
普通石頭看看吧！

14歲左右開始到學堂上課，從此變得非常喜愛閱讀。他讀了很多書，不斷地吸收知識。

學習不知道的
事情好有趣！

20歲　　25歲

德蕾莎修女

為印度的現況感到震驚

今天也一起快樂地學習吧！

成為地理老師。幽默風趣的教學很受學生歡迎。

我要把人生奉獻給上帝！

27歲時，發誓要遵守「貞潔」、「清貧」、「服從」的原則，侍奉上帝。

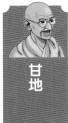

甘地

為了成為律師努力念書

哇！為什麼要歧視我？

23歲時到南非工作，卻遭受到被禁止搭乘火車的歧視。

請簽名連署反對不公平的法律。

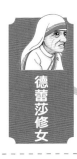

25歲時，為了改善在南非的印度人的待遇，和同伴一起在兩周內收集到1萬份簽署。

孔子

周公是文武雙全的偉大政治家，是我非常崇拜的對象。我以他的想法為基礎，發展出名為「儒家」的思想。

我要為了魯國努力工作。

20歲左右成為魯國的官員，負責倉庫的出納和牧場的管理。

博學多聞受到讚揚

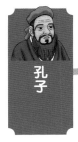

二宮尊德

比誰都要努力工作

我要盡快重振二宮家！

成為村內首屈一指的地主

努力總算有了回報。

我同樣也獲益良多！

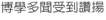

26歲時，被小田原家的家老·服部十郎兵衛雇用，擔任孩子的老師。

福澤諭吉

原來外國能夠製造出這種東西啊！

深受18歲時見到的黑船感動，開始學習荷蘭的學問和英語。

在江戶開設學堂

歐美的文化和日本完全不同！

到歐美周遊各國，學習異國的文化和技術。

30歲　35歲　40歲

第二次世界大戰後，印度掀起了獨立運動。但是國內卻因為想法不同而產生紛爭，城裡的情況非常糟。

我明白我的使命了……！

36歲時，她聽見神告訴她「拋棄一切，在更為貧困的人們之中工作吧」。

在貧民窟照顧病人和授課。從前的學生們也加入扶貧的活動。

在波耳戰爭中表現活躍

在波耳人和英國人發生衝突的波耳戰爭中，我加入了英國那一方。不過，我並不是為了作戰，而是為了加入拯救人命的救護隊。

36歲時，為了反對鎮壓印度人的法律，發起罷工等「非暴力不服從運動」。

我又變得更有智慧了！

34歲左右，去見著名的思想家老子，學習他的想法。

政治的紛亂令他生厭，於是前去拜訪齊國，了解別國的狀況。

這時，魯國的政治實權掌握在名為三桓氏的三名貴族手中。他們將魯國君王放逐到國外，行為相當蠻橫。

啊啊，太浪費了！這個還能吃啊！

受為債務煩惱的服部十郎兵衛之託，幫忙重整服部家的財政。

成功還清債務！

各位，請跟我一起努力吧！

36歲時，受小田原藩主之託，致力於重整櫻町這個貧苦小鎮的財政。

出版《西洋事情》

慶應義塾
慶應義塾啊……嗯，這名字真不錯！

33歲時將學堂改名為「慶應義塾」，把熱情投注在培養能成為未來社會領導者的人才上。

要成為品德高尚之人，學問是很重要的。

37歲時出版《勸學》。這本書的內容在描述學問的重要性，銷量非常好。

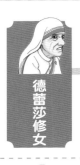

德蕾莎修女

請到我的收容
所休息吧！

42歲時，成立了收容機構，接納在街頭生活、快要死於貧窮和疾病的人們。

也發起育兒活動

募集到許多捐款

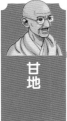

甘地

回到印度參與獨立運動

在南非的經驗
派上用場了。

由於在印度，印度人同樣也遭到歧視，於是甘地發起了抵抗運動。他一呼籲大家罷工，許多印度人就閉門不出。

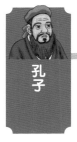

我為了抵抗歧視
印度人的英國，
還發起不買英
國衣服的拒買運
動，靠自己紡線
製作衣服。

孔子

聚集弟子，開設學堂

我拚命工作，50歲之
後擔任過中都宰（縣
官）、司空（掌管全國
建設）、司寇（類似司
法院院長），最後終於
擁有能夠參加國家重要
會議的崇高地位。

我看穿你們
的計謀了！

出席魯國和齊國的會議時，識破齊國企圖以武力威嚇魯國的策略，救了魯國。

二宮尊德

我要拋棄私
利私慾……

雖然受到討厭尊德的人們阻撓，但是他經過斷食修行後重新打起精神，成功重振了櫻町。

向他拜師的人增加

有困難時就
是要互助。

50歲左右，為了受饑荒所苦的農民，開放小田原城的米倉。

福澤諭吉

我被討厭外國文化
的人怨恨，一直感
覺有被暗殺的危險
所以在家裡打造了
逃走用的秘
密通道。

發行報紙《時事新報》

時事新報

當時，寫書一般都
會用和口語不同、
比較艱深的詞彙，
但是我特地用和說
話時一樣淺顯易懂
的詞彙來寫。

55歲　　60歲　　65歲

每天為了貧民們工作

我的同伴們正在全世界各個角落努力著。

德蕾莎的活動受到羅馬教宗認可，因此得以在世界各地設立濟貧活動據點。

請別忘了世上還有窮人。

長期為窮人拚命工作一事受到讚揚，69 歲時獲得諾貝爾和平獎。

就趁這個機會好好思考今後的活動吧。

2 歲時，因獨立運動引發爭而被關入監獄，在獄生病的他，兩年後獲得釋放。

發起「食鹽行軍」

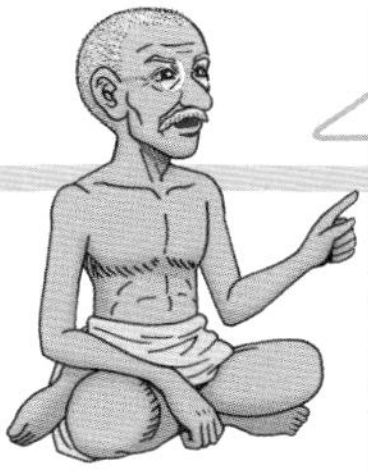

英國獨占鹽巴的銷售市場，對印度課了非常重的稅，使人們叫苦連天。所以我召集眾人遊行，表達反對的意願，這便是有名的「食鹽行軍」。

嗚嗚……失敗了嗎？

55 歲左右，試圖放逐為所欲為的三桓氏卻失敗了。於是他離開魯國，到處流浪旅行。

讓弟子們受苦，真是抱歉……

孔子在別國尋找當官機會，但是他認為應該削弱貴族政治權力的想法遭到反彈，結果沒有人要雇用他。

還曾有人要取他性命……

陸續重建農村

我一生總共重整了 600 個以上的農村。最重要的是，我不是為了自己，而是為了大家而辛勤工作。我認為只要為了大家而努力，將來成果一定會回報到自己身上。

1856 年，69 歲時去世

身體因為生病變得無法行動自如，之後在69歲時過世。後人在各地的小學為他樹立銅像，希望孩子們能夠以他為榜樣。

一起讓日本的醫學更進步吧！

為了在德國學習細菌學的北里柴三郎（P.68），57 歲時和同伴一起成立日本首座傳染病研究所。

因腦溢血倒下

1901 年，66 歲時去世

因腦溢血病倒後曾一度康復，但最後仍在 66 歲時去世。留下偉大功績的福澤諭吉，成為日幣 1 萬元紙鈔上的肖像。

70歲～

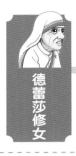

德蕾莎修女

也曾來到日本

心臟病發

1997年，87歲時去世

德蕾莎年邁後仍繼續參與活動，最後在1997年因心臟病發而離世。她在2015年，被羅馬教宗正式封為「聖人」。

甘地

給我滾出印度！

72歲時，和同伴一起宣誓要英國「離開印度」。

分裂成兩國了……真是遺憾。

77歲時印度獨立。可是卻因為宗教的差異，分裂成印度和巴基斯坦這兩個國家。

1948年，78歲時去世

甘地對於與印度教對立的伊斯蘭教徒也抱持友好的態度，導致他最後被狂熱的印度教徒殺害。

孔子

68歲時回到了魯國，獲得政治顧問的職位。晚年則專心教育弟子。

西元前479年，72歲時去世

70歲後，最愛的兩名弟子相繼過世，像是要追隨他們般，孔子也在不久之後離世。死後，弟子們將其教誨集結成《論語》一書。

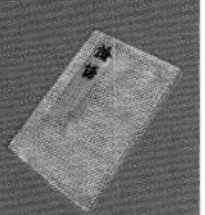

歌子和梅子的努力跨越時代，持續延續下去。

教育家、領袖的名言

你們必定會失敗。
不要為了失敗而感到沮喪。
必須戰勝失敗才行！

這番話，是早稻田大學的創立者大隈重信送給學校畢業生的致詞。他以失敗為前提，給予即將踏入社會的年輕人建議。的確，無論什麼樣的偉人，都不可能一切順利。能否在失敗時力挽狂瀾，才是最重要的。

大隈重信

還有我們！

為女性教育奠定基礎的教育家

在明治時代，有兩位對女性教育灌注熱情的偉人，那就是1854年出生的下田歌子，和1864年出生的津田梅子。歌子是在宮中服務的歌手，離開皇宮之後，她教導上流家庭的女性和歌與習字。後來她來到英國，強烈感受到小康家庭的女性接受教育的必要性，於是開始致力於女性教育的普及。1899年創辦實踐女學校並擔任校長，直到82歲過世為止，始終不停地指導老師和學生。

下田歌子

津田梅子

梅子在6歲時來到美國，為了提升日本女性的地位，她創辦了日本首間女子高等教育機構——女子英學塾。

在她們的努力下，原本落後於男性的女性教育之路，也逐漸拓展開來。

教育家、領袖的聯絡簿

德蕾莎修女

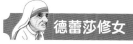

成績	慈愛 ▶ 優	虔誠 ▶ 優	富裕 ▶ 可

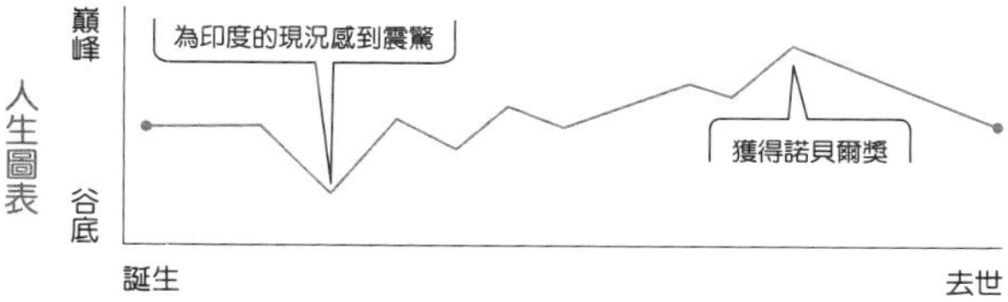

以無私的愛包圍弱者的修女

總是站在弱者那一邊，給予他們無私的愛，而那份愛，源自於她對上帝的信仰。另外，她還特意讓自己和窮人們處於相同的立場，不管變得多有名，也只留下最低限度的必需品。毫無私利私慾這一點，也是她受到眾人尊敬的原因。

甘地

成績	頑固 ▶ 優	虔誠 ▶ 良	富裕 ▶ 可

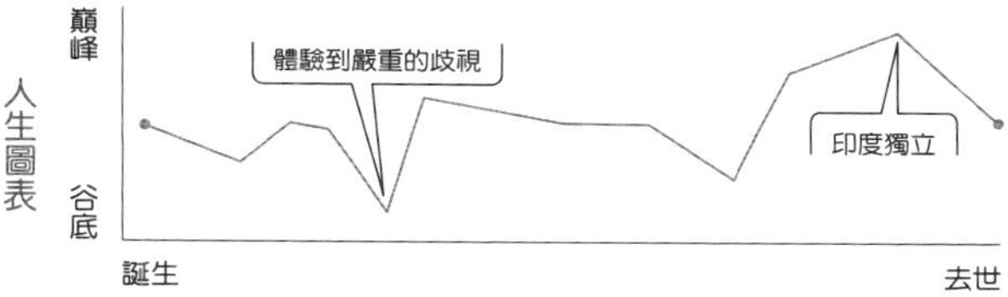

即使被逮捕也不在意的非暴力主義者

甘地了不起的地方在於，即使被逮捕關進監牢，他依舊意志堅定，不改變自己的做法。雖然年輕時曾做過壞事，但是自從改過自新後，對於信仰的虔誠程度也變得比別人強一倍。另外，和德蕾莎修女一樣，甘地也是一生都和奢侈無緣。

孔子

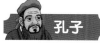

成績	智慧 ▶ 優	領袖魅力 ▶ 優	政治能力 ▶ 可

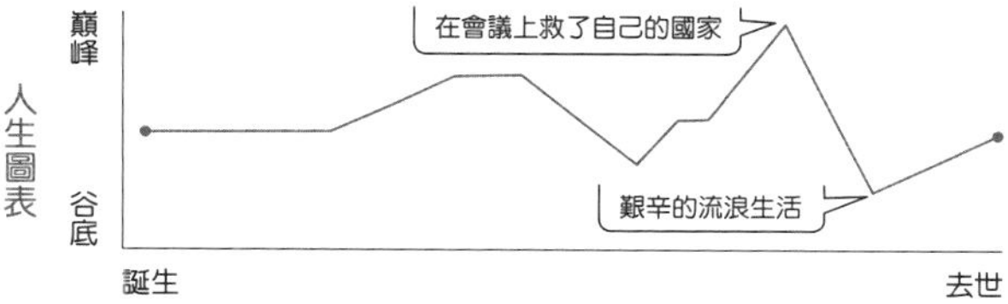

擁有神一般領袖魅力的大思想家

孔子是為流傳至亞洲各國的思想「儒家」奠定基礎的人物。除了偉大的功績，再加上他活躍的年代久遠，使得孔子擁有神明、聖人一般的領袖魅力。然而，即使是那樣的他，仍然無法在生前參與政治時改變國家。

二宮尊德

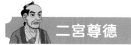

成績	毅力 ▶ 優	體力 ▶ 優	開朗 ▶ 可

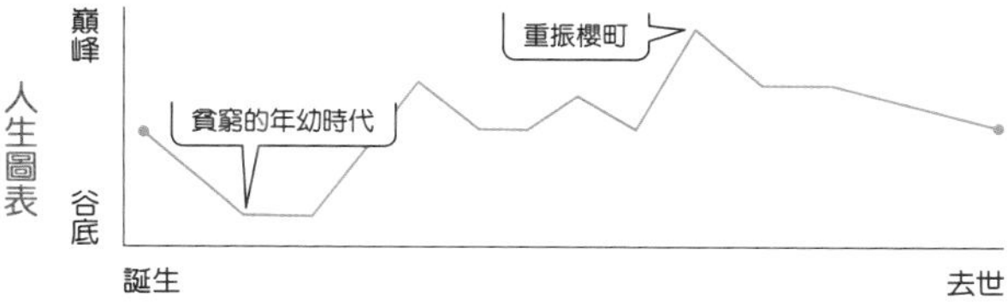

憑著知性和毅力拯救許多農村的努力家

二宮尊德非但沒有被艱苦的環境打倒，反而非常努力地邊揹柴邊讀書。另外，體格強健的他，即使年過 50，仍有體力像年輕時一樣活力十足地到處確認農村的現況。

福澤諭吉

成績	寫作能力 ▶ 優	好奇心 ▶ 優	認真 ▶ 良

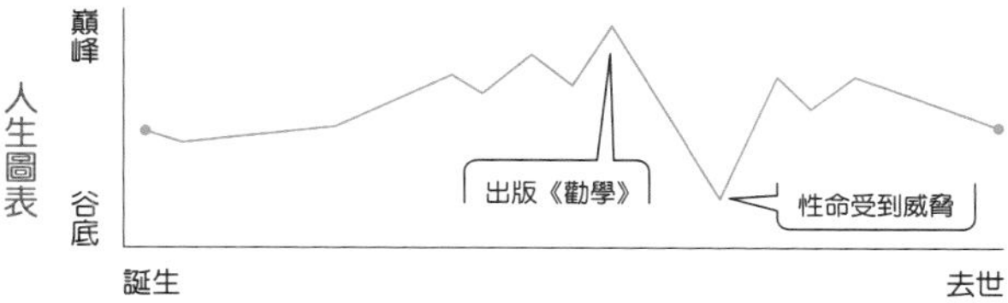

推廣西洋文化、好奇心旺盛的教育家

福澤諭吉之所以能夠寫出《勸學》等數本暢銷書籍，除了他有成為作家的才能之外，還因為他有著渴望學習西洋文化的強烈好奇心。另外，他也意外有著不認真、不正經的一面，像是對神魔惡作劇、很愛喝酒等等。

偉人對決！ 7 兩人三腳克服障礙的師徒對決！

海倫・凱勒

可惡！我想高興怎樣就怎樣！

偉人資料

善良	★★★★☆
嚴厲	★★★☆☆
毅力	★★★★★

看不見、聽不見、不會說話，克服三重障礙的努力之人

海倫的雙親對於因為視力、聽力有障礙，連單字也學不會的女兒採取寵溺的教養方式，甚至放任她用手吃飯，但是家庭教師沙利文老師在海倫7歲時到來，教導她生存所需要學會的事情。像是靠著老師用手指在手掌上寫字來學習單字，以及直接觸碰物體去記住東西的名字等等，海倫歷經千辛萬苦才終於學會了說話。

在沙利文老師的教導下，她最後甚至考上入學門檻很高的拉德克利夫學院。後來，她自己寫書、演講，給予許多人生存的勇氣。

好、好冰……！我知道了！這就是水對吧？

1880年出生於美國阿拉巴馬州。大約1歲半左右時，因為生病而失去視力和聽力，導致連單字都學不會。

啊姆啊姆、喀滋喀滋！吃飯是用手抓著吃！

又要寫書、又要演講，每天都過得好忙碌喔～

沙利文老師去世前對我說「妳要當一個為身障人士高舉光明的人」，……老師，謝謝您一直以來的照顧。

1968年，87歲時去世

晚年雖然獲得「總統自由勳章」等榮譽，卻在自家平靜地生活，最後獨自一人悄然離世。

海倫・凱勒的三大「厲害之處」

1. 憑著努力克服三重障礙
2. 說出自己的經驗，給予人們勇氣
3. 成功考上錄取不易的大學

對決的

海倫・凱勒這位克服三重障礙的女性，是一位廣為人知的
沙利文老師的幫助，或許也無法成為被視為偉人的人物。兩
的歲月，這樣的精神實在讓人想將她們並列為冠軍。

對於因病失去視力、聽力，甚至不會講話的海倫・凱勒，沙利文老師滿懷慈愛，時而嚴厲地教導她。究竟在彼此衝突的過程中成為偉人的兩人，誰比較有資格奪冠呢？

安・沙利文

海倫這孩子，
真教人傷腦筋
啊！呵呵……

偉人資料

善良	★★★★★
嚴厲	★★★★★
毅力	★★★☆☆

1866 年出生於美國麻薩諸塞州。家境貧窮，雖然罹患眼疾卻沒錢去醫院看病，視力因此變差。

這樣下去跟動物
沒兩樣，我要狠
下心來教導妳！

為了不辜負海倫的努力，我也得好好加油才行。不過，把課本轉換成點字的作業實在好辛苦啊……

海倫……我走了
以後，妳要繼續
振作喔！

1936 年，70 歲時去世

晚年完全失去視力。身體狀況惡化，最後在海倫的照顧下離世。

成為照亮海倫・凱勒的光芒，既溫柔又嚴厲的家庭教師

從小視力不佳，在盲人學校學習點字。自盲人學校畢業後，經由格拉漢姆・貝爾（P.101）的介紹，成為海倫的家庭教師。從叉子、湯匙的用法等日常生活必須學會的事情，以至於讀書，她都非常有耐心地教導任性又為所欲為的海倫。

當海倫決定要考大學時，她完全不顧自己的視力下滑，幫忙製作讀書的資料直到三更半夜。海倫大學畢業後，為了讓身障人士也有受教育和工作的機會，她和海倫一起舉辦演講，也參與盲人協會的活動。

摸我的喉嚨，記住單字的發音！

沙利文老師的三大「厲害之處」

1. 凡事都很有耐心地教導海倫
2. 自己視力不佳卻樂於助人
3. 不愛名聲，寧願退居幕後

總結

人。至於沙利文老師雖然感覺像是一名配角，但海倫若是沒有
自從在海倫 7 歲時相遇開始，便以兩人三腳的形式度過漫長

更多比較！

帶給孩子夢想的童話作家

童話總是能夠給予孩子們勇氣，教導他們人生重要的道理。接著就來比較一下編織出精彩故事，為全世界的孩子們帶來夢想與感動的偉大童話作家們的人生吧！

安徒生

1805 年出生於丹麥，全名是漢斯・克里斯汀・安徒生。寫出超過 150 篇的作品，對於提升兒童文學的地位貢獻很大。

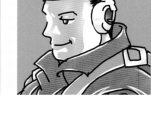

聖修伯里

1900 年出生於法國，全名是安托萬・德・聖修伯里。是一名飛機駕駛員，同時也是一名作家。

不畏挫折、持續努力，創作出許多名作的大作家

安徒生出生在一個經營鞋店的貧窮家庭，14 歲時，為了完成當演員的夢想，而搬到丹麥的首都哥本哈根，可惜卻遲遲沒能成為演員，最後不得已，他只好放棄自己原本的夢想。

23 歲時進入大學就讀，以成為作家為目標開始創作小說和詩，30 歲時出版了長篇小說《即興詩人》，這本書獲得好評、暢銷大賣。

同一年，出版了第一本童話集，自此邁出身為童話作家的第一步。

安徒生擁有寫成人小說的才華，不僅如此，他還可以把為大人構思的故事改編成適合兒童閱讀的內容。

之後，他陸續發表《拇指姑娘》、《人魚公主》、《國王的新衣》、《醜小鴨》、《賣火柴的小女孩》等童話，成為世界知名的作家。

即使受重傷也不放棄夢想，繼續翱翔天際的飛行員作家

21 歲時加入軍隊，取得飛機駕駛員的執照成為飛行員。不幸因墜機事故受重傷而離開軍隊後，以作家的身分出道，並且從事以飛機載運郵件的工作。

後來，他憑藉著 31 歲時發表的小說《夜間飛行》得獎，從此成為了人氣作家。可是，他成為大受歡迎的作家後，依然沒有放棄上飛機的嗜好，晚年時更以飛行員的身分回歸軍隊。

聖修伯里從事飛行員的工作，並根據自身經驗創作故事，因此他的故事裡經常出現飛行員。

在全世界長銷熱賣的《小王子》，是他 43 歲時出版的作品，不只是小孩子，同樣也受到現代大人們喜愛。

寫出《小王子》的隔年，聖修伯里搭乘軍隊的偵察機出擊後便下落不明，再也沒有回來。

格林童話和佩羅童話

格林兄弟並不是最早將民間流傳的童話整理成童話集形式的人。

法國的夏爾・佩羅於 17 世紀後半發表的《佩羅童話集》，其實是比格林童話更早廣為人知的作品。

雖然格林童話是收集德國的童話、佩羅童話是收集法國的童話，但兩者卻收錄了好幾則相同的故事，像是《灰姑娘》、《小紅帽》等等。這就表示這些故事跨越國籍，被人們傳誦了下來。

另外，閱讀同一則故事的佩羅版和格林版，還可以發現一些意想不到的差異，相當有趣。

格林兄弟

哥哥雅各布於 1785 年、弟弟威廉於 1786 年出生於德國的哈瑙，兩人共同寫出《格林童話》。

宮澤賢治

1896 年出生於日本的岩手縣，是日本的代表性童話作家，最著名的作品有《要求很多的餐廳》、《銀河鐵道之夜》等等。

從人們口中收集童話故事，並整理成精彩童話集的兄弟

他們很早就失去了父親，從小便和母親、弟妹一起努力討生活。雅各布 22 歲、威廉 21 歲左右時，兩人有了把德語流傳下來的各種童話故事寫成書的想法，於是開始向許多人打聽、收集童話故事。1812 年出版了《格林童話》第一集，1815 年出版了第二集。

雅各布擅長採訪和收集故事的材料，威廉則擅長寫出適合兒童閱讀的故事。

雖然有一些專家認為「不過就是把聽來的故事整理成書而已嘛！」，大眾一開始對於書的評價並不是很好，不過《長髮公主》、《糖果屋》、《小紅帽》、《白雪公主》等故事漸漸抓住孩子們的心，不久便成為全世界人們所熱愛的超級暢銷作品。

為了大眾的幸福而努力，死後才獲得好評的善良作家

從家鄉的高中畢業後，18 歲時來到東京，一邊打工一邊創作許多童話。後來他回到故鄉，在學校擔任老師，28 歲時自費出版《要求很多的餐廳》、《歐茨貝爾與象》。30 歲時辭去學校老師的工作，決定要為大家的福祉而活。他學習農業，替農民們解決疑難雜症，還會讀童話給孩子們聽。這段期間，他仍持續創作童話和詩，但是身體本來就不好的賢治，在 37 歲生病後就一病不起，不久便離開人世。

代表作之一《銀河鐵道之夜》，描述少年搭上一輛行駛於銀河上的列車旅行的故事，是一則充分發揮賢治獨特想像力的幻想作品。

生前，他只是一個默默無名的作家，然而死後，他的作品開始變得廣為人知，也有愈來愈多人成為他的書迷，讓他變成大受歡迎的國民作家。

PART 8

實業家的比較

所謂實業家，指的是製造、販售商品的公司經營者。雖說統稱為公司，事業內容卻可說是五花八門，像是開發電腦、設計服裝等等。就讓我們來比較一下，在各個領域獲得成功、偉大的實業家們的足跡吧！

偉人檔案	誕生

可可・香奈兒

1883 年出生，本名是嘉布麗葉兒・香奈兒。以服裝設計師的身分為時尚界帶來新價值，像是將原本穿起來不舒服的女性洋裝設計成簡單又方便行動等等，獨創的香水也很受歡迎。

出生於法國奧弗涅地區的小鎮，是父親艾伯特、母親珍妮的第二個孩子，在修道院所經營的慈善醫院出生。

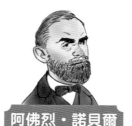

阿佛烈・諾貝爾

1833 年出生，全名是阿佛烈・伯恩哈德・諾貝爾。研究不穩定爆裂物硝化甘油，開發出矽藻土炸藥。他在全世界廣設工廠、累積財富，並留下遺言，說要將遺產作為諾貝爾獎的基金。

出生於瑞典的首都斯德哥爾摩，在父親伊曼紐爾、母親安德烈爾特的4個兒子中排行第三。父親離家到國外工作，幼年時期是母親撫養長大的。

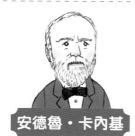

安德魯・卡內基

1835 年出生。年輕時移居美國，曾在紡織工廠、電信局、鐵路公司任職，自己也經營過各式各樣的公司。和弟弟湯姆合作擴大公司，靠著製造鋼鐵致富，但多數財產都捐出去了。

出生於蘇格蘭的鄧弗姆林鎮。父親威廉是一名紡織工人，因為工業革命興起而失業，家計陷入困境。

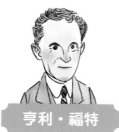

亨利・福特

1863 年出生。福特汽車的創始人，編製出以流水線作業大量生產的制度，成功降低汽車的售價。以產量超過1500萬台的T 型車為首，製造大眾車款，對汽車的普及貢獻很大。

出生於美國底特律北部開墾地的農村，是家中6個孩子的長子。父親在農場主人手下勤奮工作，然而家境並不寬裕。

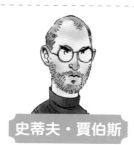

史蒂夫・賈伯斯

1955 年出生。蘋果電腦（現稱蘋果公司）的創辦人，讓《Apple II》、《麥金塔》等電腦大賣。曾經一度離開蘋果公司，之後又回來重振公司的業績。

是一對研究生情侶所生的孩子，出生後，被保羅・賈伯斯和克拉拉這對夫妻收養為養子。養父保羅從事修理、販售中古車的工作。

孩童時代

15歲

爸爸，要來接
我們喔……

12歲時母親去世，和姊妹一起被寄養在孤兒院。

我不想穿和大家
一樣的制服。

可可會自己改造孤兒院的制服，像是把裙子改短，或是打上可愛的蝴蝶結。

無論早晚都
好忙碌！

18歲時開始在裁縫店工作，晚上則在夜總會當歌手。

身體虛弱卻很愛讀書！

在家看書自學。

這樣的話在家
也能讀書了！

9歲時，在俄羅斯經營工廠有成的父親，帶著全家移居當地。父親替他請了科學、文學的家庭教師。

這就是保護港口
不受敵船威脅的
魚雷啊……

16歲時到父親的工廠幫忙。那間工廠製造的是設置在海中，讓船隻爆炸的魚雷。

總有一天我要
回到故鄉。

13歲左右，和父母、弟弟全家移居美國找工作。

於父親任職的織品工廠工作。

在這裡，我隨
時都能讀書！

在圖書館借閱歷史、戲曲的書，靠著自學累積各種知識。

這個時鐘的結構
是什麼呢？

從小就對機械感興趣，經常把時鐘拆解開來。

第一次見到蒸汽汽車

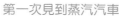

好帥氣喔！

與其到學校念書，還
不如學會一技之長。

15歲時休學，開始在底特律的機械工廠工作。

學習機械相關知識

他從父親身上學到製造的精神。

嘻嘻嘻……我要
讓老師嚇一跳！

是個喜歡惡作劇的少年，像是在教室裡放蛇等等。

無聊的課程讓人
提不起勁……

17歲時進入名校里德學院就讀，卻經常翹掉沒興趣的課。

20歲
25歲
可可・香奈兒
原來還有這樣的世界！
和富翁艾提安相遇，對方邀她去騎馬和參加派對。
艾提安，我要跟亞瑟走……
在艾提安的派對上認識了實業家亞瑟，和他墜入情網。
27歲時向亞瑟借錢，開了帽子店「Chanel Modes」。
阿佛烈・諾貝爾
哇，液體爆炸了！
得知遇到震動就會爆炸的液體「硝化甘油」，開始進行研究。
工廠因戰爭結束倒閉
我要製造出新的炸藥來重振工廠！
25歲時工廠倒閉，為了歸還欠款，於是埋首研究使用硝化甘油製作的新型炸藥。
安德魯・卡內基
在鐵路公司工作
職位不斷地升遷。
我也要成為資本家！
20歲左右，在鐵路公司的上司推薦之下，進行了第一筆投資。之後他的財產逐漸增加。
接下來是鋼鐵的時代。
見到在戰爭中遭到破壞的木橋，決定成立製造鐵橋的公司。
亨利・福特
比起農業，我果然還是對機械比較感興趣。
一度回到故鄉幫忙家裡務農，但滿腦子想的都是機械的事情。
遇見能夠理解我的妻子。
在舞會上遇見克拉拉，兩人結婚。他在新居後方蓋了一間工作室，製造蒸汽引擎汽車。
和克拉拉前往底特律！
去開展新事業吧！
史蒂夫・賈伯斯
在車庫創業！
公司名稱是「蘋果」。
和好友兩人一起成立公司。
好好照我的話去做！
這是一間製造電腦的公司，而他為了追求完美的產品，對同伴的要求非常高。
看看我引以為傲的機器！
積極進行新產品的開發，像是推出知名的《Apple II》等。

30歲 35歲 40歲

謝謝你，這
筆錢還你。

店裡的生意愈做愈大了，於是她把借來的錢還給亞瑟。

亞瑟，我不
會認輸的！

亞瑟意外身亡一事讓她非常沮喪，但是她把失戀當成動力，努力工作。

這瓶香水是我
的自信之作！

38 歲時，新販售的香水《Chanel No.5》熱賣，方形的俐落設計吸引眾人的目光。

引爆裝置
完成！

30 歲時，開發出讓硝化甘油爆炸的裝置，在鐵路鋪設工程等方面派上用場。

弟弟在事故中身亡

當時炸藥經常發生爆炸事故，我也因此失去了弟弟……所以，為了能夠更安全地運送液體的硝化甘油，我想出用矽藻土硬化的方法，這種硬化的炸藥就是矽藻土炸藥。

我們一起
努力吧！

和弟弟湯姆合作，成立開採石油的公司和製造火車的公司，不斷擴大事業版圖。

決定了！我要
自己製造鋼鐵！

37 歲時，參觀製造鋼鐵的「貝塞麥轉爐」，決定自己也要涉足鋼鐵業。

不畏不景氣，
開設鐵工廠！

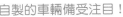

這輛汽車一
定會成功！

在愛迪生（P.100）的公司工作。愛迪生看了他的汽車設計圖後，感到很佩服。

自製的車輛備受注目！

被稱為「無馬馬車」。

我的車子最快！

參加汽車競賽，獲得全美冠軍。向在比賽中見到自己活躍表現的投資家借錢，成立福特汽車公司。

被趕出公司

我對所有產品都追求完美，經常為此強人所難。結果沒多久，就和同伴們之間產生隔閡，最後還被趕出公司。不過沒關係，我要成立更好的公司！

由我來重振
蘋果公司！

在電影公司等領域獲得成功的賈伯斯，41 歲時回到陷入苦戰的蘋果公司。

45歲　　50歲

可可・香奈兒

我陸續發表了打破時尚常識的服裝。這件黑色小洋裝，便是我將過去當成喪服使用的黑洋裝改造成可以在各種場合穿著的時髦單品。

還不夠好……

48 歲時進軍好萊塢，但是在當時的美國，華麗服裝仍受歡迎，香奈兒的嶄新風格並未被眾人接受。

員工罷工！

當時，法國各地發起了罷工運動。

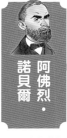

阿佛烈・諾貝爾

請和我結婚！

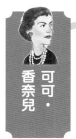

43 歲時，愛上名為貝爾塔的女性並向她求婚，但是她已經有了未婚夫，諾貝爾因此遭到拒絕。

他把失戀當成動力，埋首工作，讓公司更加茁壯。

炸藥會破壞和平嗎……？

跟加入和平組織的貝爾塔重逢，針對和平交換意見。

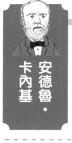

安德魯・卡內基

我依照約定回來了。

成為大人物的卡內基，帶著母親來到故鄉旅行。

鋼鐵生產量達到全美的 50 %。

母親、弟弟相繼過世

剩下我一個人……

亨利・福特

如果是這個價格，大家就買得起了。

當時那個年代，汽車是有錢人專屬的交通工具，但是他製造出小型又方便操作的 T 型車等大眾車款，讓汽車普及化。

我導入了輸送帶！這樣就能有效率地組裝車子了。

編製出以流水線作業組裝汽車的「福特制度」，讓價格原本是 850 美元的 T 型車降為 290 美元。

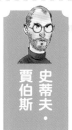

史蒂夫・賈伯斯

回歸後推出的iMac大賣！

藉由我們的工作改變世界吧！

回到公司後，雖然一樣對員工要求很高，不過他以領導者的身分立定方向，帶領眾人往目標邁進。

這是電話的二次發明！

52歲時，推出擁有電腦功能的電話《iPhone》，在全世界掀起搶購熱潮。

55歲 60歲 65歲

我的店開不下去了……

56歲時戰爭開打，很多店家因此關門大吉。

香奈兒因為曾和敵國德國的官員交往，而遭到眾人責難。

無法繼續在法國生活的她，搬到瑞士居住。

我並不是為了奪取人命才製造炸藥的……

因為炸藥被使用在戰爭上，所以有人批評他是「死亡商人」。

希望資產能被有效地運用……

因為心臟病發作而倒下，他開始思考該如何運用自己龐大的資產，並寫下遺書。

1896年，63歲時去世

他在遺書中指示，要成立表揚對人類有貢獻的個人、團體的獎項。他的遺產被用來設立諾貝爾獎，對5個領域進行表揚。

又有新家人了！

失去母親和弟弟的隔年，和路易絲·惠特菲爾德結婚。

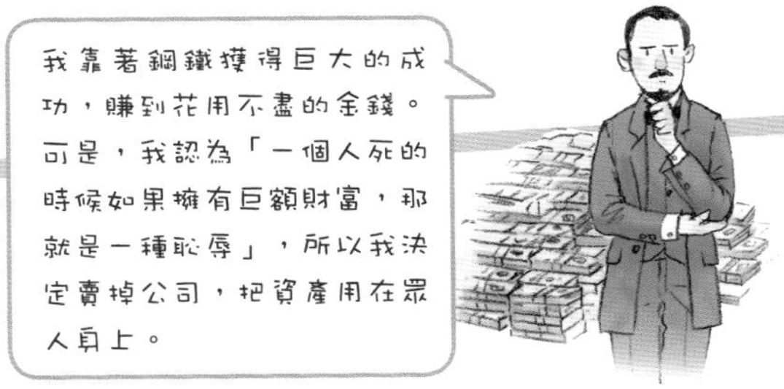

我靠著鋼鐵獲得巨大的成功，賺到花用不盡的金錢。可是，我認為「一個人死的時候如果擁有巨額財富，那就是一種恥辱」，所以我決定賣掉公司，把資產用在眾人身上。

讓出所有事業

我是在肉品工廠，看到肉經由流水線作業被解體的樣子，之後就想出了福特制度。人真的是不曉得何時會從哪裡獲得靈感呢！

雖然雪弗蘭等新車商的人氣高漲，他還是堅持生產T型車好一陣子。

看看我的自信之作！

為了和對手車商競爭，決定開發新型車款。他製造出比T型車更時髦且價格便宜的全新A型車，結果大賣。

我才不要戴這麼土氣的面罩！

明明因為生病而入院動手術，卻不喜歡氧氣罩的造型而要求更換，事事講究的個性依舊不變。

2011年，56歲時去世

手術後還是沒能完全康復，最後在妻兒的目送下過世。蘋果公司在賈伯斯死後，仍繼續開發製造革命性商品，像是在手錶中加入各種功能的Apple Watch等等。

70歲～

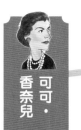

可可・香奈兒

我一定會東山再起！

71歲時，睽違15年又回到時尚界舉辦服裝秀，然而審查員和觀眾的反應不佳。

我要設計出女性真正追求的服裝！

儘管服裝秀受到嚴厲批評，香奈兒依舊不斷推出新作。

工作結束後，就剩我孤單一人……

獨自度過的夜晚、沒有工作的星期天，讓孤身住在旅館裡的香奈兒深感寂寞。

我的設計果然是對的！

無領套裝、A字裙等，每次發表新作都獲得好評。

1971年，87歲時去世

在即將舉辦服裝秀的前一個星期天晚上倒下，對傭人說「人就是這麼死去的」之後便過世。在她死後，服裝秀照常舉行，且非常成功。

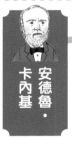

安德魯・卡內基

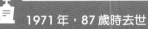

著作大受好評！

《財富的福音》成為暢銷書。

我非常樂意捐款，協助推廣學問和藝術。

大學、圖書館、博物館、音樂廳等等，捐款協助成立各種設施。

1919年，83歲時去世

因流感引起嚴重肺炎而過世。卡內基原本多達幾億美元的資產，據說因為到處捐款，最後只剩下2200萬美元。

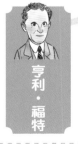

亨利・福特

我和妻子舉行了慶祝結婚50年的金婚儀式。要不是有克拉拉從年輕時就一直支持我製造車子，恐怕就不會有現在的福特汽車吧。

孩子啊……

一度將社長的位子交棒給兒子埃德索爾，但因為埃德索爾去世，於是他又回去擔任社長。

1947年，83歲時去世

健康狀況不佳，把社長之位交給孫子亨利・福特二世的兩年後，因顱內出血過世。福特汽車在那之後發展成聞名世界的汽車製造商。

實業家專欄

龍馬是日本首位商社人

幕末的代表志士坂本龍馬，也是被稱為日本首間商社的長崎「龜山社中」的中心人物。

龜山社中在薩摩藩的幫助下成立，協助長州藩收購槍枝、蒸汽船聯合號等，因為當時長州藩被江戶幕府禁止向外國購買船隻、武器。相對的，長州藩則向薩摩藩提供兵糧。

龜山社中就靠著這樣的交易，將原本彼此仇視、水火不容的長州藩和薩摩藩連結在一起，為實現「薩長同盟」，也就是打倒幕府的原動力盡了一份心力。

坂本龍馬

實業家的聯絡簿

可可・香奈兒

成績	品味 ▶ 優	積極性 ▶ 優	戀愛 ▶ 良

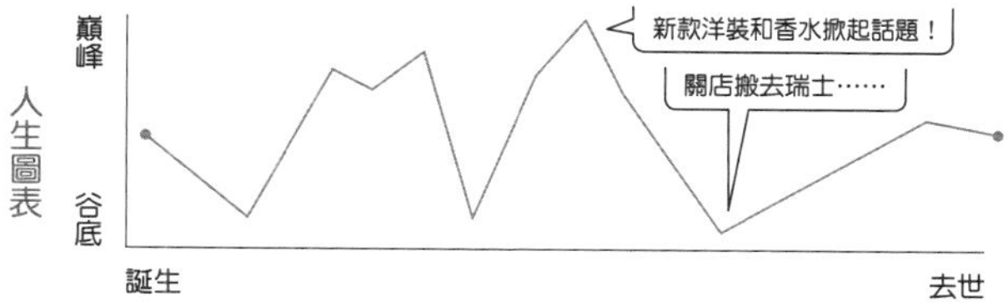

用時尚改變女性生存方式的先驅

她在以男性為中心的世間，積極投入自己想做的事情，開拓了自己的人生。改變時尚常識、創造出嶄新的女性風格，也是她的一大功績。香奈兒談過許多場戀愛，戀愛是她生命的糧食，也為她招來一些麻煩。

阿佛烈・諾貝爾

成績	創意 ▶ 優	經營能力 ▶ 優	戀愛 ▶ 可

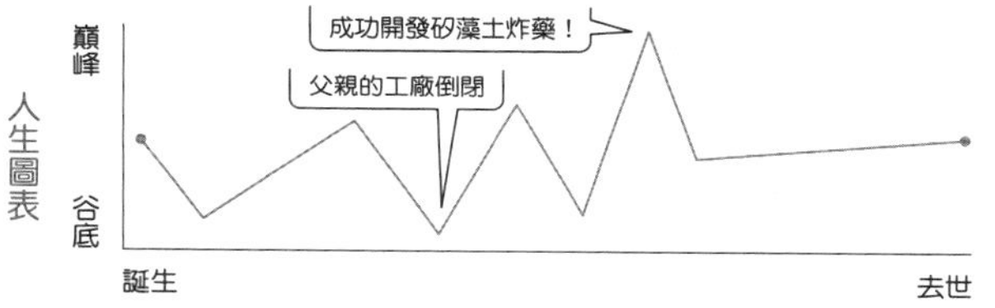

憑著大發明獲得資產、用於世人的慈善家

他有著矽藻土炸藥的發明家，以及優秀經營者這兩種面貌。因為過於投入研究和經營，而錯過結婚的時期，又被喜歡的人甩掉，但他卻以此為動力，留下豐碩的成果。他將龐大資產用於公共慈善事業，其遺志時至今日依然延續著。

安德魯・卡內基

成績	執行力 ▶ 優	運氣 ▶ 優	慎重 ▶ 可

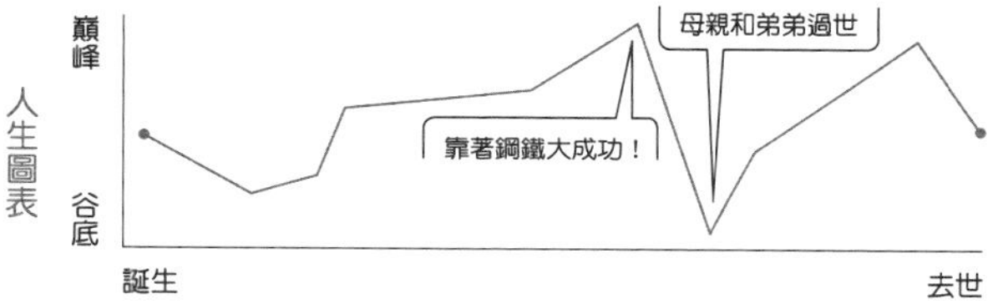

不吝捐出自己財產的鋼鐵之王

曾是貧窮的移民，卻靠著自學獲得各種知識，並且在商場上廣受信賴。像是搭上美國發展的浪潮、在經濟大蕭條時設立鐵工廠等等，他憑著不畏失敗的執行力將機會化成真實。另外，他不吝捐出財產的義行，也受到美國人民的尊敬。

亨利・福特

成績	技術能力 ▶ 優	創意 ▶ 優	彈性 ▶ 可

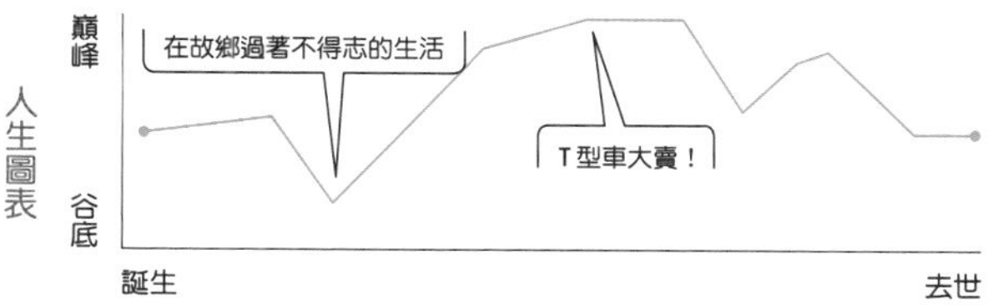

製造大眾車款的世界級汽車製造商創始人

休學朝著喜歡的機械之路前進，不過他並不只甘於當一個工程師，而是以經營者身分創立福特制度，為製造業掀起革命。他雖然也有頑固的一面，像是一開始反對製造 T 型車以外的車型等等，卻對汽車的普及化有著很大的貢獻。

史蒂夫・賈伯斯

成績	創意 ▶ 優	堅持 ▶ 優	協調性 ▶ 可

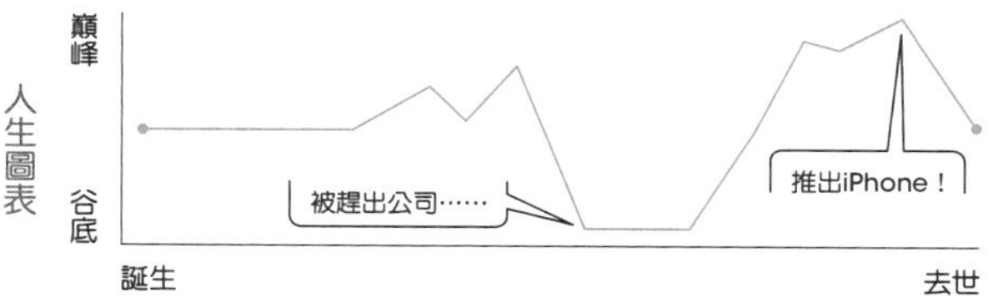

創造電腦新時代的革命家

為電腦和電話帶來革命性發展的賈伯斯，可說是創意與堅持的化身。即使其他人說不可能辦到，他還是會去尋找實現的方法，雖然也有著讓員工相信「可以實現」的能力，但是他堪稱任性的舉動，卻也經常和其他人發生衝突。

湯瑪斯・愛迪生

在發明這方面，我是不會輸給任何人的！

偉人資料

發想力	★★★★★
行動力	★★★★★
社交性	★★★☆☆

1847 年 2 月，出生於美國俄亥俄州。是家中 7 個孩子的老么，對很多事情都抱持疑問，總是喜歡追著大人問東問西。

我從這麼小就開始投入發明了！

憑著強烈好奇心和超強毅力成功，20 世紀的代表性偉大發明家

愛迪生這個人充滿好奇心和行動力，少年時代是一個曾經因為玩火而把自家倉庫燒掉的問題兒童。因此，他小學只讀了3個月就退學，不過他並未因此而受挫，靠著自學吸收各式各樣的知識。例如發明留聲機、大幅提升白熾燈泡的效能並使其實用化等等，完成好幾項名留青史的偉業。

愛迪生也有研究電話，雖然專利被貝爾先取得了，之後他仍持續研究，對於提升電話的性能貢獻很大。

終於成功讓燈泡實用化！藉著在發光的芯使用京都的竹子，讓點亮時間大幅增長！

全世界都在用我製造的電影放映機！

1931 年，84 歲時去世

愛迪生舉行喪禮的當天晚上，美國家家戶戶都熄滅電燈 1 分鐘，為這位已故偉人祈福。

我設計出來的電話功能比較好！

湯瑪斯・愛迪生的三大厲害發明

1	可長時間使用的白熾燈泡
2	留聲機
3	活動電影放映機（播放電影的機器）

對決的

以發明家來說，應該是愛迪生獲勝吧。愛迪生有留聲機、可
發明的電話也大大改變了人們的生活。另外，貝爾也是一名
面也考量進去，以偉人的身分來做比較，這場對決實在很難

這兩位都是知名的偉大發明家，不僅同年出生，而且都提出改變世界的大發明。究竟作為發明家和偉人，他們之中誰比較優秀呢？

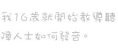

格拉漢姆・貝爾

拜託你手下留情啊，愛迪生！

偉人資料

發想力	★★★★★
善良	★★★★★
野心	★★☆☆☆

1847 年 3 月，出生於蘇格蘭愛丁堡。父親是大學教授，進行聲音相關的研究。

我16歲就開始教導聽障人士如何發音。

取得電話的專利了！只比對手們早一步……

我和海倫・凱勒等聽障人士進行過多次交流，還為他們設立學校。

大大改變人們的生活，發明電話的善良發明家

格拉漢姆・貝爾是以發明電話聞名的偉人。他想到電話這個點子是在19歲時，之後歷經好幾次失敗和不斷嘗試，終於在29歲成功完成電話實用化的實驗。貝爾取得專利，成立電話公司，之後那間公司的規模愈來愈大，如今已成為世界級的大企業。

貝爾也是在聽障學校任教的老師。可以說，是希望助聽障者們一臂之力的強烈意念，化為探究聲音的動力，進而使他得以發明電話。

1922 年，75 歲時去世
晚年罹患糖尿病，身體狀況不佳，75 歲時在許多人的不捨之下離世。

最先發明電話的人是我！

總結
間使用的白熾燈泡等，好幾項歷史性的發明，可是，貝爾所家，一生都為聽障人士奉獻付出。如果將發明以外的其他方高下。

格拉漢姆・貝爾的
三大厲害發明

1	電話
2	金屬探測器
3	光話機（以光傳送聲音的無線機器）

更多比較！

引領日本前進的實業家

我們在前面看過多位世界知名的實業家，但其實日本也有許多厲害的實業家。接著，就來介紹製造出揚名於世界的產品，以及透過企業來孕育文化的日本偉人吧！

松下幸之助

1894年出生於和歌山縣。創立松下電器產業（現在的Panasonic），將其發展成世界知名大製造商，也成立PHP研究所和松下政經塾等機構。

搶先掌握「電的時代」，讓電器產品貼近生活的經營之神

雖然出生在富裕的家庭，卻因為父親在美國的投機交易失敗，9歲時就到大阪的店家工作。他在那裡學會做生意的基本知識後，見到電車開通，心想「電的時代要來臨了」，於是就到電力公司任職。他一邊在電力公司工作，一邊自製燈泡的燈座，不久後便獨立創業，成立販售燈座的公司。

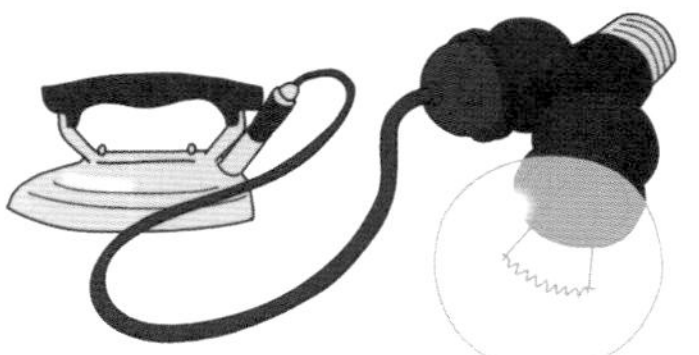

在連插座都沒有的時代陸續生產出很方便的商品，像是讓人可以在點亮燈泡的同時使用電子產品的《雙頭燈座》等等。

剛開始一直接不到訂單，日子過得很辛苦，但他靠製造電風扇零件等工作讓公司的經營狀況穩定下來，且開始製造各式各樣的電子產品。

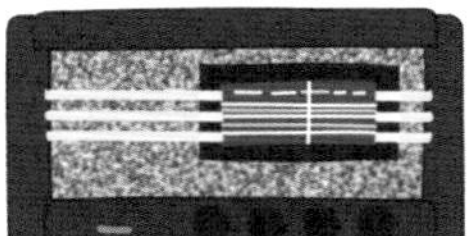

全波收音機

他以「如果能夠以水一樣便宜的價格買到對平民來說昂貴的電子產品，人人就都能獲得幸福」的哲學大量生產電器，在他這一代就讓「Panasonic」壯大起來。

本田宗一郎

1906年出生於靜岡縣。在濱松市創立本田技術研究所，也活躍於方程式賽車（F1）等競賽。

徹底磨練技術，在世界競賽中展現本田的實力

15歲就到汽車修理廠工作，習得技術後獨立創業，自行製造賽車，也參加比賽。戰後開始製造有引擎的自行車，42歲左右起正式跨足機車的開發，製造出《DREAM E型》等多款名車。48歲左右時，機車的生產數量已經成為日本第一。

《Super Cub》不僅任誰都能輕鬆駕駛，能夠以少量汽油行駛長距離，而且價格便宜，是足以向全世界誇耀的熱賣商品。

51歲時推出的《Super Cub》，至今仍在全世界販售，並且不斷刷新「世界第一銷量機車」的紀錄。為了磨練技術，他也積極地參加比賽，除了在曼島舉辦的國際摩托車大賽中獨占鰲頭，本田的引擎也席捲了最重要的汽車競賽F1，向全世界展現自己卓越的技術。

也對戰後復興盡心盡力的 4 人

這 4 位實業家都曾經歷過第二次世界大戰，而他們也都克服了戰後的危機，再次展開行動去幫助人們。

松下幸之助抱持著「生產才是復興的希望」的積極態度，努力讓日本成為富饒的國家。本田宗一郎則是製造有引擎的自行車，幫助到各個城鎮協助復興的人們。安藤百福在戰後見到缺乏糧食、飢腸轆轆的人們，心想「沒有食物，根本也不用想什麼衣服、住所、藝術和文化了」，於是興起投入餐飲事業的念頭。另外，小林一三則就任「戰災復興院總裁」，從政治方面加入復興的行列。

安藤百福

1910 年出生於台灣，曾經營過纖維事業，後來開發出《雞味拉麵》、《杯麵》等商品，是知名的日清食品創辦人。

不被失去財產的逆境打倒，發明新時代食物的挑戰者

從年輕開始做過很多種生意，1957 年擔任理事長的信用金庫破產，他因此失去了財產。

可是，心想「我只有失去財產而已」的他振作了起來，想起戰後在黑市吃拉麵的人們，決定開發出「只要有熱水，就能馬上享用的拉麵」。

經過多次的失敗和嘗試，《雞味拉麵》終於誕生了，而且大受歡迎。後來，他去歐美視察旅行時，見到美國人把雞味拉麵弄碎後放進紙杯裡吃，於是有了製造杯麵的靈感。

下了好一番工夫後終於開發出《杯麵》，做出不只是日本，在亞洲、歐洲各國也深受喜愛的味道。

杯麵為了讓麵在運送途中不會因移動而損壞，於是把麵體以懸空的方式固定在杯中。如此一來，料就不會掉下去，熱水也能流到杯子下方，順利把麵體泡開。

小林一三

1873 年出生於山梨縣。曾當過銀行員，後來創立箕面有馬電氣軌道（現在的阪急電鐵）、寶塚歌劇團、東寶映畫，同時也是一位政治家。

接連提出獨特創意，豐富人們生活的革新者

本來是一位希望在報社工作的文藝青年，卻因為種種因素而成為銀行員。他在銀行發覺做生意很有趣，於是沒多久就獨立創業，成立名為「箕面有馬電氣軌道」的鐵道公司。由於不是連結都市和都市的路線，所以陷入苦戰本來就是意料中的事，不過他靠著在沿線興建住宅區，用電車載運那裡的居民前往大阪市內，成功化解了困境。

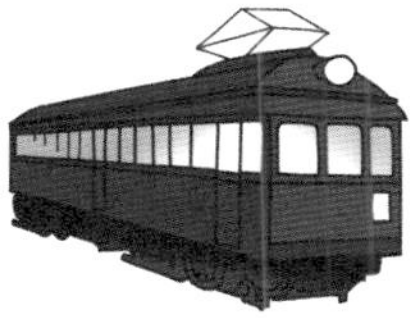

於 2014 年歡慶一百周年的寶塚歌劇團，是少女們的憧憬與夢想，也曾到東京、海外演出。

另外，創立「寶塚歌劇團」也是一三的功績之一。他原本希望遊客能夠多多利用鐵道而興建名為「寶塚新溫泉」的設施，結果卻以失敗告終，於是他將更衣間、浴池改裝成舞台和觀眾席作為劇場。不僅如此，他還將本來遠離車站的百貨公司和車站合為一體，首創由鐵路公司自行經營的模式。

PART 9

國王、君王的比較

世界的歷史，也是一部由國王和君王所寫下的戰爭紀錄。歷史上，許許多多的國王和君王為了民族的繁榮和自身的野心，彼此爭奪霸權。就讓我們來比較看看，充滿著國王和君王們夢想的浪漫足跡吧！

偉人檔案	誕生

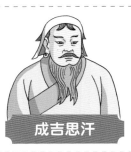

德川家康

1543年出生。從小就成為織田家、今川家的人質，吃了很多苦頭。一邊和織田信長、豐臣秀吉往來，一邊增加存在感，最後終於成為一統天下之人，開啟了江戶幕府。天下太平的江戶時代持續了大約250年。

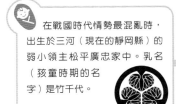

在戰國時代情勢最混亂時，出生於三河（現在的靜岡縣）的弱小領主松平廣忠家中。乳名（孩童時期的名字）是竹千代。

成吉思汗

1162年出生（也有說法是1155年或1167年出生）。統一眾多部落互起紛爭的蒙古，勢力擴及西亞的花剌子模和南俄羅斯，建立起龐大的帝國。

生來便是蒙古族部落酋長的繼承人，出生時，手中握有被視為英雄象徵的血塊。被取名為鐵木真，後來自稱成吉思汗。

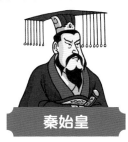

秦始皇

西元前259年誕生。戰國時代末期出生於秦王之家，年紀輕輕就坐上王位。一轉眼便消滅他國，成為史上第一位統一全中國之人。雖然政治手段嚴苛，卻是建立起中國發展基礎的偉人。

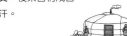

出生於有7個國家互相鬥爭的戰國時代，被取名為政。父親子楚是秦國太子卻成為趙國的人質，所以政的年少時期是在趙國度過的。

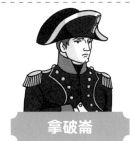

拿破崙

1769年出生，全名是拿破崙·波拿巴。年輕時期就靠著砲擊技術立下戰果，26歲時當上軍隊的總司令官。也活躍於政壇，還曾登基成為法國皇帝，但最後還是失勢了。

出生於靠近義大利的法國領土科西嘉島。孩童時代為自己取了一個義大利風的名字拿坡里奧尼（Napoleone）。他的家境雖不富裕，家長卻很熱中於教育。

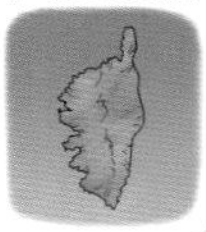

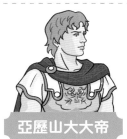

亞歷山大大帝

西元前356年出生。消滅當時的大國波斯，勢力範圍擴及埃及、西亞、印度西部。製造出許多東西文化交流的契機，像是在征服的土地上興建希臘風建築等等。

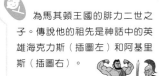

為馬其頓王國的腓力二世之子。傳說他的祖先是神話中的英雄海克力斯（插圖左）和阿基里斯（插圖右）。

竹千代還小的時候，由於母親的娘家背叛松平家，母親因此被送回故鄉。

成為尾張（現在的愛知縣）織田家的人質，和被大家叫做「傻瓜」的信長相遇。

會把信長給他的瓜分送給家臣吃，對別人很體貼。

和父親一起旅行去尋找將來的妻子，結果和其他部落、名為孛兒帖的女孩締結婚約。

父親過世，同伴離去

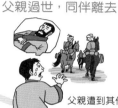

父親遭到其他部落毒殺。

和遠房親戚札木合重逢後，彼此交換箭作為紀念，結拜成為兄弟。

貧窮的人質時代

身為人質的政十分貧窮，幸好有名叫呂不韋的富裕商人給予支援。

祖父和父親都相繼過世，於是政在13歲時繼承王位，但實權卻掌握在呂不韋手裡。

9歲時，為了成為軍人而來到法國本土，大家卻嘲笑他的科西嘉島口音。

努力學習，發揮軍事才能。在打雪戰時擔任指揮官，表現非常活躍。

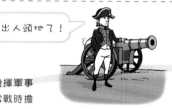

16歲時成為指揮士兵的士官。

向希臘的大哲學家亞里斯多德學習政治、生物、地理、天文等等。

很擅長騎馬！

參加和希臘聯軍之間的「喀羅尼亞戰役」，以馬其頓騎兵隊的身分表現活躍。

20歲
25歲
德川家康
我成為今川家的人質，跟隨今川義元大人攻打織田家，結果卻反遭擊敗……義元大人戰死沙場。
今後我們就是盟友了！
從今川家獨立，和信長結為同盟。兩人的同盟一直延續到信長去世為止。
遲遲改不掉煩惱時會咬指甲的習慣。
成吉思汗
孛兒帖！我馬上去救妳！
和孛兒帖結婚，妻子卻遭敵人擄走。幸好有札木合的幫忙，才順利救出孛兒帖。
我並不想和札木合交戰，但是……
鐵木真和札木合彼此都出人頭地後成為對手關係，雙方展開「十三翼之戰」，屢屢互相交戰。
秦始皇
一直暗中做壞事的呂不韋失勢
接下來是我的時代！
20歲出頭時呂不韋失勢，他開始為了統一天下展開行動。
將軍們，千萬不要手下留情！
秦國的優秀將軍們遵從政的命令，接連消滅其他國家。
拿破崙
沒辦法再待在故鄉了……
因為成了「法國軍人」，所以被趕出想從法國獨立的故鄉。
我的砲擊百發百中！
開始以法國風的名字「拿破崙」自稱，擊退英國艦隊。
和約瑟芬結婚
亞歷山大大帝
父親被殺而登上王位！
繼承遭到暗殺的父親的衣缽。
開始遠征
出征吧！
格拉尼庫斯河戰役
長槍是軍隊強大的秘密。
打敗宿敵波斯軍隊！
伊蘇斯戰役
征服波斯波利斯！
好了，接著朝印度前進！

30歲　35歲　40歲

我還沒有輸給年輕人！

在三方原之戰中敗給名將武田信玄。他請人將自己不甘心的模樣畫下來，作為教訓。

戰勝武田家！

信長大人親授的三段式射擊！

大人！信長大人被打倒了！

信長被打倒後成為追捕目標，但是他靠著好運氣和忍者的幫助，穿越形勢險峻的伊賀，成功逃脫！

我等願意追隨鐵木真大人！

鐵木真雖然敗給了札木合，卻有一些敵兵受夠札木合的殘酷，向他投誠。

札木合，等等！這次我不會輸了！

再戰札木合！雖然肩膀受了傷，卻贏得大勝利。之後，他不斷地擴張勢力。

找到毒殺父親的部落，將其打垮。

狗皇帝，給我納命來！

燕國王子派刺客假扮成使者，前來刺殺政，在千鈞一髮之際得救。

權力增強後，想取他性命的人也變多。

終於統一天下了！

38 歲左右消滅齊國，完成統一天下的目標，成為首位自稱「皇帝」之人。

我的字典裡沒有不可能這個詞！

31 歲時，穿越險峻的阿爾卑斯山脈，大敗奧地利軍隊，將勢力範圍擴張到全歐洲。

終於成為皇帝！

我成為最了不起的人。

在巴黎聖母院進行加冕儀式。

約瑟芬……請原諒我。

國力因與奧地利之間的紛爭而衰退，於是藉由和奧地利公主結婚來修復兩國關係。

橫越沙漠，回去首都吧……

歷經8年遠征，疲憊的亞歷山大軍隊花了超過1年才回到首都。

西元前 323 年，32 歲時去世

亞歷山大大帝透過漫長的遠征擴大領土，最後卻因積勞成疾而去世。載運其遺體的喪車一共用了多達 64 頭的騾來拉，非常氣派。

45歲　　50歲

德川家康

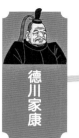

大吃一驚喔！

和繼承信長之位掌控天下的秀吉交戰，雙方戰成平手。成為受到秀吉敬佩的家臣之首。

入主江戶！

這裡簡直就是鄉下！

我要把江戶改造成氣派的城市！

更換領地來到當時還是鄉下的江戶。推動治水工程等，轉眼就讓江戶發展起來。

成吉思汗

掌控整個蒙古

是時候去打倒

掌控蒙古後，自稱成吉思汗的鐵木真跨越萬里長城前往金朝（中國）。

4 個兒子也表現活躍

英武的察合台
睿智的托雷
勇敢的朮赤
尚義的窩闊台

兒子們肩負延續下一代的使命。

秦始皇

我死後也要繼
續保護我喔！

希望能夠長生不死。甚至製造出大量兵馬俑（陶製的軍隊）來保護死後的自己。

建築萬里長城，
鞏固防禦

西元前 210 年，49 歲時去世

為了查看天下是否安定，秦始皇到處巡視，結果在旅行途中生病，還沒回宮就過世了。

拿破崙

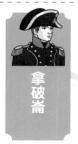

遠征俄羅斯的

前去攻打幫助敵國英國的俄羅斯，卻因受不了嚴寒而慘敗。

失勢後被流放到島上

1821 年，51 歲時去世

被流放到聖赫勒拿島，悄然離世。幾年後，遺體通過凱旋門，被運回巴黎。

國王、君王的名言

①骰子已被擲下。
②我來，我見，我征服。
③布魯圖，連你也背叛我嗎？

很多國王和君王都留下名言，其中名言數量特別多的是羅馬將軍、後來成為獨裁者的蓋烏斯・尤利烏斯・凱撒。「骰子已被擲下」是他決定要不顧一切地開戰時所說的話。「我來，我見，我征服」這句話，表現出他一轉眼便贏得戰爭時的氣勢。「布魯圖，連你也背叛我嗎？」則是他被信賴的部下背叛時的發言。只要將這 3 句話依序看下來，就能清楚瞭解凱撒的人生歷程。

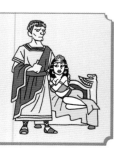

55歲　60歲　65歲

晚年的秀吉大人常做出不合理的政治決策，和我的想法不合。秀吉大人死後，因大家政治理念不同而爆發了關原之戰，最後是由我取得勝利。

終於成為征夷大將軍！

總算爬上武士的頂點。

在江戶城開啟幕府。

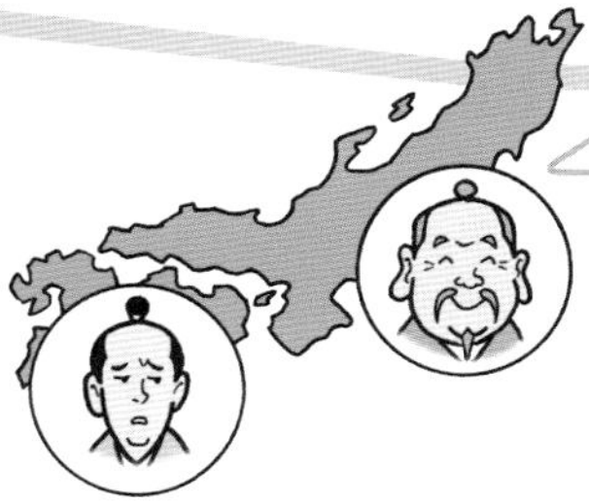

你只要乖乖待在大阪就好！

秀吉之子秀賴人在大阪，這時家康並沒有打算消滅他。

朝花剌子模王國前進！

蒙古軍隊率領 20 萬大軍，將勢力拓展到西亞。

這是我的蒙古帝國！

將勢力延伸至南俄羅斯一帶，企圖更進一步擴大蒙古帝國的版圖。

1227 年，65 歲時去世

死因有生病和受傷這兩種說法。成吉思汗的遺體被埋葬在神聖的不兒罕山山腳下。

什麼都要比排行榜

究竟在這 5 位偉人之中，誰獲得的領土最多呢？

遙遙領先，取得第一名的是成吉思汗。他不止掌控整個廣大的蒙古，還將勢力擴展到中國北部、西亞，甚至是俄羅斯南部，建立起巨大的蒙古帝國。

第二名的亞歷山大大帝藉由遠征東方，獲得了橫跨至印度西部的廣大領土。可惜這位偉人英年早逝，如果他活得久一點，不曉得會將勢力範圍擴大至何種地步。

第三名的拿破崙成功征服了歐洲。他從砲兵將校的身分開始，爬上皇帝之位的出人頭地過程，也受人矚目。

第四名的秦始皇結束 7 國相爭的戰國時代，成為歷史上首位統一中國的皇帝。

第五名的德川家康和世界級的支配者相比，格局似乎有點小，不過他開啟了延續265年的江戶幕府，功勞甚大。

獲得領土前 5 名

名次	人物
1	成吉思汗
2	亞歷山大大帝
3	拿破崙
4	秦始皇
5	德川家康

國王、君王專欄

成吉思汗死後，蒙古帝國仍持續壯大

成吉思汗去世時，指名第三個兒子窩闊台做他的繼承人。窩闊台繼承成吉思汗攻打中國本土的心願，終於消滅了金朝。儘管後來家族之間發生繼承糾紛，蒙古帝國仍擴大了勢力範圍。

蒙古帝國勢力最強大的時候，是在成吉思汗的第四個兒子托雷之子．忽必烈成為第五代繼承人之後。忽必烈將國名改為中國風的「元」，並且建造新的首都「大都」，持續征服中國全土。他還消滅了與金朝對立的南宋，成功將整個中國納為己有。

忽必烈

另外，忽必烈還兩度派兵攻打日本。他們所使用的火藥武器「鐵炮」，令迎戰的日本武士陷入苦戰。不過所幸颱風來了，元軍逼不得已只好撤退。不久，中國國內出現朱元璋所率領的反叛勢力，建立了明朝，元朝則在1388 年被明朝消滅。

70歲～

德川家康

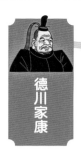

因為小小的失和而和豐臣家交戰（大阪之陣），最後消滅了豐臣家。

個性相當踏實，會為了健康自製藥品，也會把錢留給子孫等等。

1616年，73歲時去世

把政務交給兒子秀忠去打理，在隱居的駿府城去世。也有傳聞說他的死因是吃了「鯛魚天婦羅」。

國王、君王專欄

最終勝過信長和秀吉的家康

說起戰國時代的主角，就會立刻想到德川家康、織田信長、豐臣秀吉這3個名字。此3人皆是出身中部地方，又被稱為「鄉土三英傑」。雖然最後留下來獲得勝利的是家康，但其實他和信長、秀吉之間有著時而合作、時而敵對的複雜關係。

織田信長

家康和信長是相識許久的舊識，因為家康曾經是織田家的人質。家康是今川義元的人質時兩人敵對，但後來他們結成「清洲同盟」，一直維持著合作關係。

說起信長，就會讓人想到他用槍的手法高明，而且是知名的戰術天才，不過，家康也被人稱為「海道第一神射手」，優異的武術實在令人咋舌。

信長在即將取得天下之際，遭到明智光秀背叛，在「本能寺之變」中喪命。後來，秀吉打倒明智光秀，繼承信長的位子擴張勢力。

面對權力在握的秀吉，信長的兒子織田信雄感到很不是滋味。家康站在信雄這一邊，和秀吉交戰。

這場「小牧、長久手之戰」最後因信雄和秀吉談和，在兩敗俱傷的情況下結束。認同家康實力的秀吉，讓他成為自己的盟友，一起完成統一天下的大業。

秀吉去世以後，天下的勢力被秀吉的部下石田三成和家康一分為二。兩人在關原爆發激烈的戰爭，由於小早川秀秋的背叛使得家康獲得勝利。一直伺機而動的家康，最後終於取得天下。

豐臣秀吉

比較看看吧！

世界上的巨大墳墓：金字塔、胡馬雍陵、大仙陵古墳

許多名留青史的國王和君王，都會像在競爭似地興建巨大墳墓。

比方說埃及的金字塔，便是作為古埃及法老王及其家人的墳墓。尤其位於埃及吉薩的古夫金字塔、卡夫拉金字塔、門卡拉金字塔，更是知名的「三大金字塔」。

金字塔的內部非常複雜，而且藏著許多祕密，除了法老王的木乃伊之外，還會有金銀財寶等寶物一起陪葬。

吉薩的三大金字塔

以霍華德・卡特（P.56）為首，許多研究者都為神祕的金字塔深深著迷。

另外，在印度則是有蒙兀兒帝國的第二代皇帝胡馬雍的陵墓。這是胡馬雍死後，皇后哈米達・巴努・貝格姆在悲傷之餘所建的宮殿式巨大墳墓。

相反的，蒙兀兒帝國第五代皇帝沙迦罕，則是為已故皇后蓋了一座名為泰姬瑪哈陵的美麗陵墓。

胡馬雍陵

至於在日本也有巨大的墳墓。位於大阪府堺市的大仙陵古墳規模之大，和古夫金字塔、秦始皇陵墓並稱為世界三大古墓。

大仙陵古墳結合圓形和方形的獨特形狀，被稱為「前方後圓墳」。除了前方後圓墳以外，日本現今還保留著各式各樣的古墳。

大仙陵古墳

國王、君王的聯絡簿

德川家康

成績	忍耐力 ▶ 優	取勝能力 ▶ 優	膽量 ▶ 可

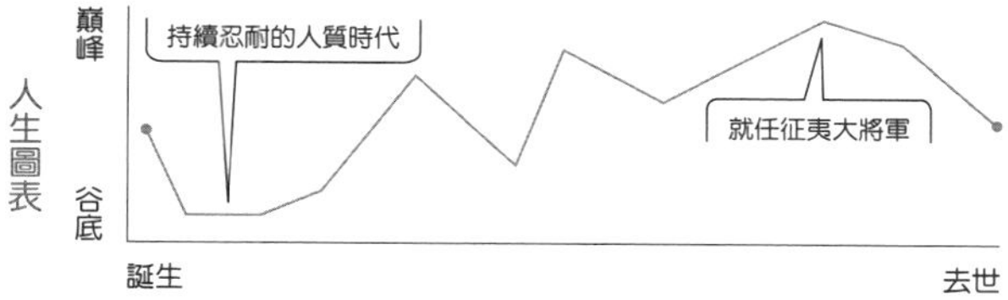

結束紛亂戰國時代的耐心之人

家康的人生可說是一連串的苦難。但是，他靠著在漫長人質時代培養出來的堅忍毅力度過困境，在關鍵時刻抓住了勝利的機會，最終成為了征夷大將軍。他雖然給人穩重的印象，卻也有著遇到困難時會咬指甲、神經質的一面。

成吉思汗

成績	勇氣 ▶ 優	統率能力 ▶ 優	善良 ▶ 可

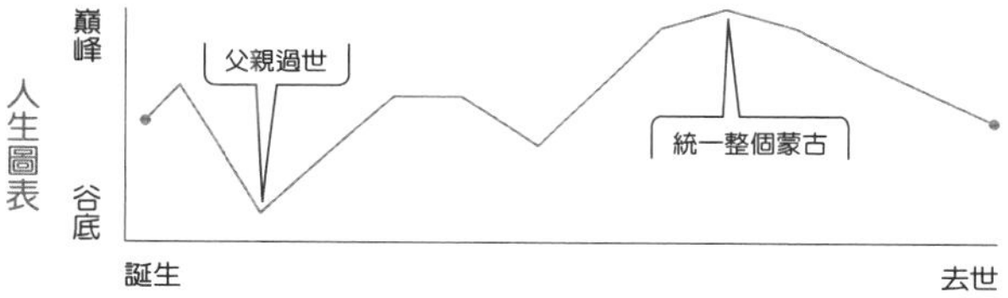

不畏逆境、統一蒙古的偉大大汗

孩童時期父親過世，年紀輕輕就當上部落首長投身作戰。即使身處逆境仍懷著勇氣前進，最後終於統一全蒙古。雖然重視同伴，卻也有著對不服從自己的人非常嚴酷殘忍的一面。

秦始皇

成績	氣勢 ▶ 優	政治能力 ▶ 良	持續力 ▶ 可

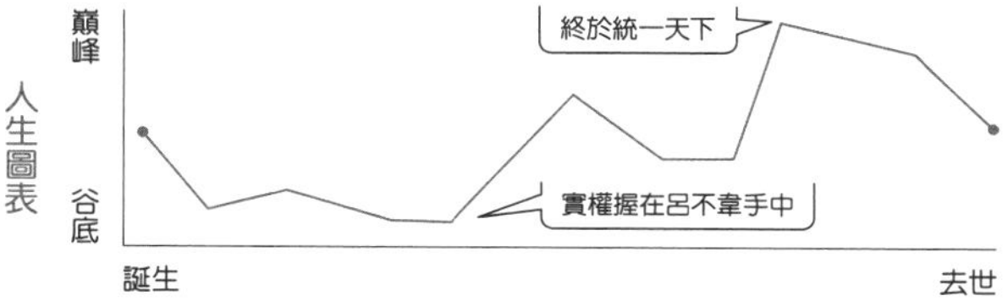

統一中國的世界首位皇帝

年輕時取回政治實權後，便氣勢如虹地擴展勢力，成為史上統一天下的第一人。當上皇帝後，他燒毀書籍（焚書）、興建萬里長城，為人民帶來沉重的負擔。秦始皇死後隨即發生叛亂，秦朝滅亡。

拿破崙

成績	指揮能力 ▶ 優	努力 ▶ 優	運氣 ▶ 可

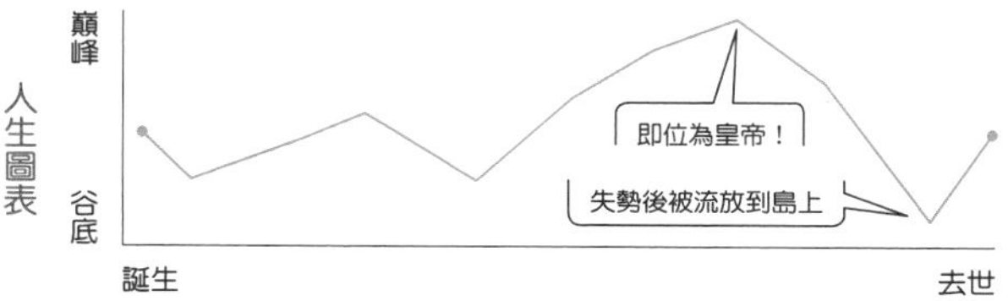

從科西嘉少年躍升成為法國皇帝

拿破崙是著名的戰爭天才，靠著交錯使用正攻法和奇襲術，一度掌控整個歐洲。他非常努力，甚至有傳言說他一天只睡 3 個小時，但是武運用盡之後，他就變得屢屢打敗仗，一生可說是波瀾萬丈。

亞歷山大大帝

成績	氣勢 ▶ 優	彈性 ▶ 可	壽命 ▶ 可

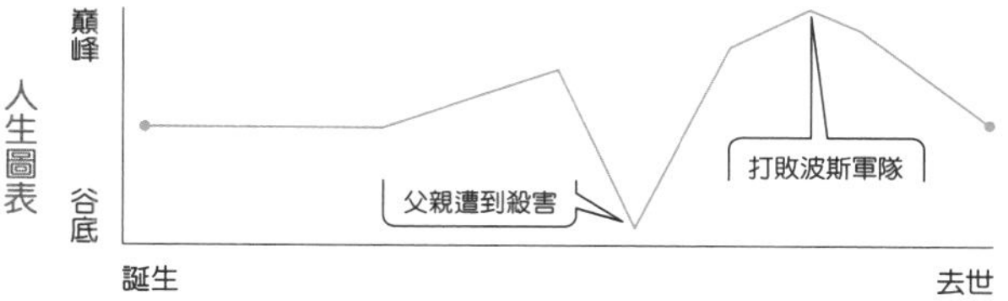

年紀輕輕就建立帝國的傳奇英雄

亞歷山大年僅 20 歲就坐上馬其頓的王位，憑著擊敗強國波斯的氣勢，一口氣遠征至印度。他的活躍表現令拿破崙等眾多英雄心生崇拜，然而過於勉強的遠征卻害他縮短了自己的壽命。

劉備

> 擁有皇室血統的我，才應該統治中國。

偉人資料

魅力	★★★★★
決斷力	★☆☆☆☆
血統	★★★★★

161 年出生於中國河北省，為中山靖王劉勝的後代。父親是官員，在劉備很小的時候就過世了，留下他和母親兩人相依為命。

> 雖然貧窮，但是我努力賣草蓆，孝順母親！

和關羽、張飛、諸葛亮等強大盟友以復興漢朝王室為目標的仁君

雖然是皇室的後代卻處境悲慘，和母親兩人靠著賣草蓆維生。

皇帝的勢力式微，各路英雄紛紛舉兵想要奪得天下，劉備也和關羽、張飛等同伴一起和曹操等對手交戰，但是他太講道義的性格經常對他造成阻礙，使得他花了好長的時間才得以擴張勢力。

不久，他和天才軍師諸葛亮成為同伴，依照諸葛亮的三分天下之計建立蜀國，自立為皇帝。

可是當關羽和張飛倒下，他自己也過世後，蜀國便就此失勢。

張飛　關羽
> 關羽、張飛是和我結拜為兄弟的強大夥伴！

諸葛亮
> 我三度去見諸葛亮，最後終於說服他成為我的同伴。諸葛亮是非常厲害的軍師，我方勢力從現在開始突飛猛進地擴張！

> 可惡的曹操，竟敢為所欲為！我絕對饒不了你！

223 年，63 歲時去世
將後事託付給諸葛亮後去世。後來諸葛亮數度向魏國發動戰爭，卻反而讓國力衰退。

建立蜀國的劉備 三大「厲害之處」

1	小說《三國演義》的主角
2	擁有諸葛亮、關羽、張飛等值得信賴的屬下
3	前漢朝皇帝的後代，出身高貴

對決的

在歷史上，是劉備所建立的蜀國向曹操所建立的魏國投降。曹
命運來看，應該算是曹操獲勝吧。可是，在讀者比歷史書《三
角，曹操則是被定位成反派角色。所以就受後世歡迎的程度

《三國志》是一本記錄中國魏、蜀、吳三國之戰的歷史書，不過有很多書籍都以相同的書名出版。究竟經常成為書中主角的劉備和曹操誰比較厲害呢？

曹操

呵呵呵！這個世界是靠實力決勝負！

偉人資料

魅力	★★★★★
善良	★☆☆☆☆
政治能力	★★★★★

155 年出生於中國安徽省（也有一說是河南省）。父親以官員身分出人頭地，家境比劉備來得優渥。

年輕時品行不良，別人對我的評價不太好……

募集優秀的部下，大家都叫我人才收集家！

天下雖然因諸葛亮的「三分天下之計」一分為三，不過中國的上半部都是我的，統一中國只是時間早晚的問題。

220 年，66 歲時去世

曹操去世後，兒子自立為帝，魏國後來卻因為發生政變而滅亡。

趁著國家混亂擴張勢力，掌控一半天下的亂世奸雄

20 多歲時擔任政府官員，30 歲左右加入討伐戰，平定在中國各地掀起的「黃巾之亂」。

被評為「亂世奸雄（靠著狡詐手腕成為英雄之人）」，在國家混亂、各路英雄互相爭戰的時代，採取消滅舊識袁紹等殘酷手段來擴大勢力。他不僅擁有天才般的軍事戰略，更陸續吸收全天下優秀的人才成為部下，藉此鞏固自己的地位。沒多久，他在中國北部建立魏國，和蜀國的劉備、吳國的孫權互相激戰，然而，最後卻沒能勝過天意，將國家交給兒子曹丕，早早離世。

哈哈哈！你儘管放馬過來吧！

總結

和劉備雖然都尚未完成志願就過世，不過從他們死後國家的

志》更多的章回小說《三國演義》中，劉備卻被描繪成主

，是劉備勝過曹操。

建立魏國的曹操 三大「厲害之處」

1. 天才般的軍事戰略
2. 擁有許多優秀人才
3. 不擇手段的殘酷行動

更多比較！

偉大的美國總統

在堪稱世界領導者的美國，以第一任的華盛頓為首，有著多位別具個人特色的總統。接下來就讓我們比較看看，成為美國拉什莫爾山國家紀念公園裡面的雕像的4位偉大總統吧！

華盛頓

1732年出生於維吉尼亞州，全名是喬治・華盛頓。在獨立戰爭中表現活躍，後來成為美國第一任總統，為成立聯邦政府盡心盡力。

打贏脫離英國的獨立戰爭，奠定美國的基礎

華盛頓出生時還沒有美國這個國家。當時正是英國、法國等歐洲各國的人們來到北美大陸，各自在此開墾土地的狀態（殖民地）。

華盛頓的故鄉英國的國王，對在美國生活的人們課予重稅，嚴厲地加以掌控。華盛頓成為殖民地居民的領導者，向英國發起獨立戰爭。

在天候惡劣的聖誕夜冒險渡河，對敵軍展開奇襲的「特倫頓戰役」，是獨立戰爭中一場著名的戰役。

英軍實力堅強，華盛頓等反抗勢力遲遲打不贏戰爭，後來在富蘭克林（P.8）的交涉下得到法國的援助，英國才總算承認美國獨立。華盛頓被選為第一任總統，並成為美金1元紙鈔上的肖像。

傑佛遜

1743年出生於維吉尼亞州，全名是湯瑪斯・傑佛遜。撰寫了著名的《獨立宣言》，是美國第三任總統。

向法國買下路易斯安那州，大大擴張美國的領土

大學畢業後成為律師，不久當上維吉尼亞殖民地議會的議員。參加美國獨立戰爭，撰寫出以「人人生而平等」這句名言打動眾多人心的《獨立宣言》。

美國獨立後，在第一任總統華盛頓手下擔任國務卿，之後又擔任副總統，後來在1801年，於前一年成為美國首都的華盛頓特區就任成為第三任總統。

向法國的領導者拿破崙（P.104），以1500萬美元買下密西西比河以西、廣大的路易斯安那的土地。

他為了推廣民主主義，積極從事多項活動，還向法國買下路易斯安那州，一口氣擴張領土。另一方面，他也曾禁止和外國進行貿易，提出對經濟造成打擊的失敗政策。退出政壇後，他創立維吉尼亞大學，也以教育者身分立下很大的功績。

還有我們！獲得諾貝爾和平獎的總統

除了西奧多・羅斯福以外，還有另外 3 位總統也獲得了諾貝爾和平獎。他們分別是提倡成立國際聯盟的第 28 任總統威爾遜、進行人權外交以促進中東和平的第 39 任總統卡特，以及因致力於打造無核武世界而受到好評的第 44 任總統歐巴馬。

獲獎者與獲獎年分

西奧多・羅斯福	1906 年
伍德羅・威爾遜	1919 年
吉米・卡特	2002 年
巴拉克・歐巴馬	2009 年

林肯

1809 年出生於肯塔基州，全名是亞伯拉罕・林肯。是第 16 任總統，在南北戰爭中領導北軍獲勝後不久，便遭到暗殺。

西奧多・羅斯福

1858 年出生於紐約州，是第 26 任總統。曾經取締壟斷、調停日俄戰爭，是第一位獲得諾貝爾和平獎的美國人。

提倡廢除奴隸制度，並化解美國分裂的危機

美國自從建國以來，便從北美大陸的東側，逐漸將領土往西邊擴展，因此要如何開墾西部便成了一門課題。
於是，林肯制定出只要在西部當地居住 5 年進行開墾，便可免費獲得土地的「公地放領法」，點燃了美國人的拓荒精神。
另外，林肯還致力於廢除奴隸制度。當以農業為中心、想要擁有奴隸這份珍貴勞動力的美國南部，和發展工商業、對奴隸制度予以譴責的美國北部之間爆發南北戰爭，他努力阻止美國分裂成南北兩邊，並且發表了《解放奴隸宣言》。

林肯在南北戰爭的重要戰役「蓋茨堡之役」中，發表訴諸平等精神和民主主義本質的演說，打動了許多人的心。

蓋茨堡演說留下了「民有、民治、民享的政治」這句永垂青史的名言。

年紀輕輕就投入政壇，成為史上最年少的總統

羅斯福從哈佛大學畢業後，馬上就投入政壇。他在美國和西班牙之間掀起的戰爭中，率領「莽騎兵隊」這支義勇軍作戰。1901 年當上副總統，42 歲時因當時的麥金萊總統去世，於是便從副總統升為第 26 任總統，是美國史上最年輕的總統。
至於在和日本的關係方面，他以居中調停日俄戰爭一事聞名，並因此獲得諾貝爾和平獎。

曾居中調停，讓日俄戰爭和平落幕。兩國代表來到美國的軍港，締結決定和平條件的「樸茨茅斯條約」。

此外，他還提出防止大企業獨占經濟的「公平交易」計畫，並且得到了托拉斯終結者（監視並防止企業聯手組成更大規模企業的人）這個綽號。羅斯福還有喜愛冒險的一面，在卸任總統之位後，曾前往南美旅行探險。

PART 10

女王、王妃的比較

女王指的是女性君王，王妃則是國王的妃子。無論古今中外，許多女王和王妃都為歷史增添了色彩。有的是以領導者身分受國民愛戴的女王，有的則是憑其美貌令國王神魂顛倒的王妃，接著，就讓我們來比較一下她們華麗的人生吧！

偉人檔案		誕生
 維多利亞女王	1819年出生。1837年即位為英國女王，1877年起也成為印度女皇。推動議會政治，讓工商業大幅發展。在全世界拓展殖民地，在位期間是大英帝國最繁盛的時期。	出生於英國漢諾瓦王朝喬治三世的四男肯特公爵家。在歷史悠久的倫敦肯辛頓宮中長大。
 伊莉莎白一世	1533年出生，英國國王的女兒。因為先前即位的弟弟和姊姊過世，於是在1558年成為女王。打敗西班牙無敵艦隊，強化海上的掌控權，並透過貿易大大提升英國的國力。	出生於英國普拉森舍宮，父親是亨利八世，母親是安妮・博林。亨利八世希望自己的繼承者是個男孩，所以知道伊莉莎白是女孩後非常失望。
 瑪麗亞・特蕾莎	1717年出生。1740年繼承哈布斯堡家族的所有領土，成為女皇。雖然因為與普魯士等國之間的戰爭而陷入危機，但是她強化軍隊，同時致力於保護農民、扶植產業等內政，提升了奧地利的國力。	出生在奧地利的哈布斯堡家族，是卡爾六世的女兒。中世紀歐洲的德國地區是由神聖羅馬帝國所管轄，而她出生在能夠繼承王位的家族中。
 楊貴妃	719年出生。原本是唐朝皇子壽王的妃子，然而她的美貌讓皇帝唐玄宗一見傾心，把她搶走納為自己的貴妃。楊貴妃一家因此而飛黃騰達，最後卻因為權力鬥爭而被捲入「安史之亂」，喪失性命。	出生於中國的唐代，當時是由玄宗皇帝治理國家。楊貴妃因為繫在腰間的飾品，而被稱為「玉環」。
 埃及豔后	西元前69年出生，本名是克麗奧佩脫拉。由於王室中同名的女性還有6位，所以又被稱為「克麗奧佩脫拉七世」。在羅馬的凱撒大帝幫助下統一埃及，並和英雄安東尼結婚，但最後卻受到羅馬掌控。	埃及托勒密王朝的公主。托勒密王朝始於西元前305年，埃及豔后出生時，是由父親托勒密十二世所治理。

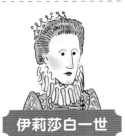

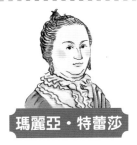

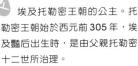

8 個月大時父親過世

切記，不可以去宮殿玩！

母親肯特公爵夫人為避免她受到宮殿裡懶散度日之人的影響，盡可能不讓維多利亞接近宮殿。

阿爾伯特……好優秀的人喔！

有許多王子都來接近年紀輕輕就獲得王位繼承權的維多利亞，不過她唯獨對表弟阿爾伯特傾心。

母親遭到處死

和姊弟之間的關係微妙……

和同父異母的姊姊瑪麗、弟弟愛德華之間因為王室的權力之爭，彼此關係並不親近。

愛德華還是個孩子啊！

父親過世後，愛德華年僅 9 歲就當上國王。

接受英才教育

哇！多麼迷人的男士！

6 歲時和之後的結婚對象，也就是洛林公國的法蘭茲相遇。

法蘭茲真的好帥氣喔！

經常向家庭教師夏洛蒂提起自己傾慕的法蘭茲。在當時的王室，戀愛結婚很少會被允許。

一直很受歡迎

父親……母親……

父母雙亡，被叔叔撫養長大。

喔喔……怎麼會有如此美麗的女子？

她的美貌受眾人肯定，17 歲時成為唐朝皇子的妃子。

在大圖書館讀書

安東尼……真是個優秀的人～

14 歲時，和解救父親脫離危機的羅馬軍人安東尼相遇。

弟弟才只有10歲……要不要緊啊？

18 歲時父親去世，和弟弟托勒密十三世共同治理國家。

20歲 25歲

女王 維多利亞
得到王位繼承權，18 歲時成為女王。
和阿爾伯特結婚
我們一起努力吧！
以女王來說，是非常罕見的戀愛結婚。
連蜜月旅行也沒辦法去呢……
女王公務繁忙，兩人甚至連悠哉旅行的時間也沒有。
伊莉莎白一世
愛德華年紀輕輕就過世了。被之後當上女王的瑪麗姊姊討厭的我，還曾經和母親一樣被關進倫敦塔裡……
英國就交給我吧！
瑪麗因病去世，伊莉莎白即位成為女王。
瑪麗亞・特蕾莎
和法蘭茲結婚
婚禮上，是夏洛蒂替她拉婚紗裙襬。
由我來守護國家！
繼承奧地利哈布斯堡家族，成為女皇。
乖乖把領土交出來吧！
繼承王位沒多久，普魯士的腓特烈二世就攻打過來，所幸有匈牙利的幫忙才勉強趕走敵人。
楊貴妃
呵呵呵……
這女孩是我的了！
22 歲時，唐朝皇帝玄宗從皇子手中搶走楊貴妃。
玄宗沉溺於和楊貴妃的快樂生活，荒廢政事。
這是很稀有的荔枝喔！
玄宗為了討好楊貴妃，不管什麼都送給她。
埃及豔后
凱撒大人，請助我一臂之力！
和弟弟敵對而被趕出國家，於是她把自己包在地毯裡偷偷和羅馬軍的凱撒（P.108）會面，請求他的協助。
好不容易接近的凱撒遭到暗殺
安東尼大人……好久不見。
凱撒死後，她接近成為羅馬英雄的安東尼。

30歲 35歲 40歲

阿爾伯特，你做得太好了！

阿爾伯特負責舉辦的第一屆萬國博覽會盛況空前。

37 歲時，贈送胸針給在克里米亞戰爭中以護理師身分表現活躍的南丁格爾（P.77），予以表揚。

胸針很適合妳喔！

阿爾伯特去世

我該怎麼辦才好……

我也要出席會議！

出席政治家們的會議，思考和外國作戰的方法，以及宗教紛爭的解決之道。

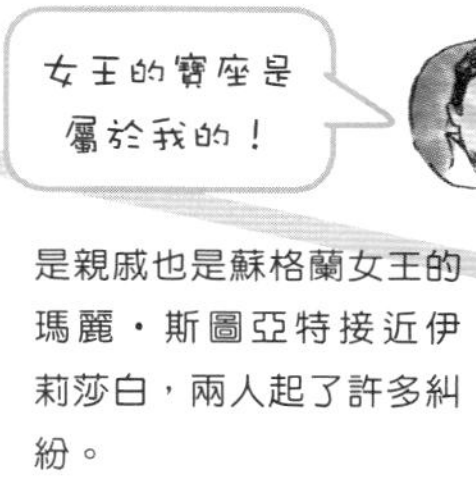

女王的寶座是屬於我的！

是親戚也是蘇格蘭女王的瑪麗・斯圖亞特接近伊莉莎白，兩人起了許多糾紛。

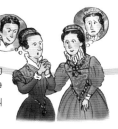

好幾次身陷暗殺危機！

我是不會向普魯士認輸的！

召集眾多士兵、成立培育士官的學校，強化軍隊。另外，將過去交給領主徵收的稅金改成由國家直接徵收，一舉提高了國家的財力。

請確實繳納稅金。

3個人一起擊退普魯士吧！

聯合俄羅斯的伊莉莎白、法國的龐巴度夫人一起對抗腓特烈二世。

真讓人傷腦筋……

親戚楊國忠成為宰相，楊貴妃被捲入權力鬥爭之中。

玄宗大人，快逃啊！

因楊國忠的敵人安祿山發動叛亂而逃離首都。

756年，38 歲時去世

玄宗和楊貴妃逃離首都長安，但楊貴妃因為被視為政治混亂的原因，而遭到處死。不久長安淪陷，詩人杜甫寫下「國破山河在」的詩句。

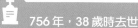

呵呵……這下埃及就沒問題了。

和安東尼生下雙胞胎。雖然一度和安東尼分開，但後來舉行了正式的婚禮。

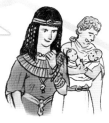

繼凱撒之後，連安東尼也死了！

安東尼成為了埃及的盟友，和羅馬的奧古斯都敵對。後來因為打輸戰爭而自殺。

西元前30年，39 歲時去世

埃及豔后被羅馬軍逮捕後，故意讓毒蛇咬自己，中毒身亡。後來，埃及被羅馬統治了長達 400 年。

45歲　　50歲

隱居大約10年

阿爾伯特死後，我因為太過悲傷，很少出現在國民面前。不過我還是隨時都有在注意外國的動向，像是提防普魯士的俾斯麥等等。

和日本使節團見面

岩倉使節團前來觀摩產業狀況。

派海盜德瑞克去攻擊載滿金銀珠寶的西班牙船隻等，藉此提升英國的財力。

我沒辦法再包庇妳了……

參與伊莉莎白暗殺計畫的瑪麗・斯圖亞特遭到處死。

兒女成群！

致力於發展藝術和文化，像是邀請音樂家來到宮中等等。

法蘭茲去世

長子約瑟夫成為法蘭茲的繼承人。

女王、王妃專欄

世界三大美女的最後一人是？

在日本，人們心目中的「世界三大美女」是楊貴妃、埃及豔后和小野小町。可是世界上有不少人認為除了前兩者之外，最後一人應該是希臘神話中的海倫，果然國情不同，觀點也會不一樣呢！無論如何，楊貴妃、埃及豔后似乎都堪稱是全世界公認的美女。

我是平安時代的女流歌人。

小野小町

我是地球上最美的女神。

海倫

還有我！

日本最早的女王・卑彌呼

日本在大約1800年前，有一位名叫卑彌呼的女王。卑彌呼原本是邪馬台國這個國家的巫女。當時，無數小國彼此爭戰，是據說能夠聽見神諭的卑彌呼，將30多個國家統一起來。根據傳說，卑彌呼是利用咒語和占卜掌控人心，因而坐上女王的位子。

她以「倭國（中國對日本的稱呼）女王」的身分提升權力，像是對文化比日本進步的中國進獻貢品、獲得當時治理中國的魏國皇帝贈送表示友好的金印等等。卑彌呼雖然是一位連出生年分也不詳的神祕偉人，她的名字卻明確地留存於《魏志倭人傳》等中國歷史書中。

卑彌呼

55歲　60歲　65歲

成為印度女皇，以建立大帝國為目標

我們整個家族活躍於歐洲各地！
和德國皇帝結婚。
身為孫子的我，成為德國皇帝威廉二世！
身為孫女的我，是俄國皇后亞歷山德拉！
和黑森公爵結婚。

由於女兒嫁給歐洲各國的有力人士，連孫子那一代也表現活躍，所以被稱為「歐洲的祖母」。

我還能繼續從政！

即使已在位超過50年，仍以女王身分和皇太子伯蒂一同活躍於政壇。

我擊敗無敵艦隊了！

她使出奇招，讓起火的船隻衝向當時號稱無敵的西班牙艦隊，結果大獲全勝。

因為打贏了西班牙，英國從此稱霸海上，透過貿易獲得龐大的利益。這是英國大幅發展的契機喔！

1603年，69歲時去世

身體狀況不佳的她，最後坐在椅子上離開人世。英國國王的王位是由瑪麗・斯圖亞特的兒子，蘇格蘭國王詹姆士六世繼承。

在法國要好好努力喔！

讓女兒瑪麗・安托瓦內特（P.126）和法國的路易十六世結婚。

不曉得大家過得好嗎？

寫了很多信給嫁到他國的女兒。

1780年，63歲時去世

和長子約瑟夫共同治理國家，最後於在位期間過世。6年後，長年互相爭鬥的對手腓特烈二世也離開人世。

比較看看吧！　中國三代惡女：呂雉、武則天、慈禧太后

歷史中，除了有被譽為「三大美女」的女性，也有被人評為惡女、令人生畏的女性。其中最有名的，就是被稱為「中國三代惡女」的呂雉、武則天、慈禧太后。

呂雉是前漢高祖劉邦的皇后，在劉邦取得天下之前，呂雉幫了他許多忙。可是劉邦死後，她讓呂氏一族獨占政權，之後還引發名為「諸呂之亂」的事件，破壞國家的和平。

呂雉

武則天是唐高宗的皇后，又被稱為「則天順聖皇后」。

她利用自己的美貌接近高宗，等高宗生病之後就自己掌權。

高宗死後，她讓自己的孩子們當皇帝，嚴厲鎮壓違抗者，對他們處以近乎殘酷的懲罰。

最後她將國家的名字改為周，坐上皇帝之位，成為中國第一位女皇帝。

武則天

慈禧太后則是中國清朝咸豐皇帝的妃子，以皇帝之母、伯母身分掌握實權，嚴厲鎮壓試圖革新中國的人們。

因為支持在中國各地攻擊外國人和基督教會的「義和團事件」，遭到世界強國反擊，最後被迫允許他國進出中國。

這3位惡女最令人印象深刻的一點，就是都曾一時握有龐大的權力，最後卻沉迷於權力當中而無法自拔。

慈禧太后

70歲～

女王 維多利亞

舉辦慶祝在位六十周年的紀念典禮。

這下安心了！
大英帝國擴張！

1901年，81歲時去世

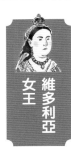

舉辦在位六十周年紀念典禮大約4年後去世，國家為她舉行國葬。她長達63年又7個月的在位時間，是英國歷代王室中最長的。

還有我們！

備受媒體關注的王妃：葛麗絲・凱莉和戴安娜

葛麗絲・凱莉和戴安娜・法蘭西斯這兩位王妃，透過媒體成為了全世界所有女性憧憬的對象。

葛麗絲・凱莉原本是一名個性溫順的少女，因為受到當劇作家的叔叔影響，而夢想成為女演員，在舞台劇和電影中表現活躍。不久，她成為大明星，並以電影《鄉下姑娘》奪得奧斯卡最佳女主角獎，然而，她卻在這時和摩納哥公國的親王蘭尼埃三世墜入情網，而且很快就結婚了。他們兩人的婚禮被拍成紀錄片散布全世界，成為一則美麗的現代童話，受到眾人祝福。葛麗絲結婚後徹底退出影壇，像是改建醫院、幫助紅十字會等等，從事各式各樣的慈善活動。52歲時，她因交通事故過世，摩納哥人民為此悲傷不已。

葛麗絲・凱莉

戴安娜則出生於名門史賓賽伯爵家，20歲時和英國的查爾斯王子結婚。和葛麗絲一樣，她也從事各式各樣的慈善活動，像是支援重症病患等等。此外，她積極參與反地雷運動，還曾親自走過有地雷的危險場所，向全世界呼籲廢止地雷。透過電視的報導，這位美麗的王妃在日本也深受喜愛。然而，她卻在35歲時和查爾斯離婚，之後仍繼續投入慈善活動，卻不幸在36歲時死於車禍。

戴安娜

女王的名言

我嫁給了英國。

伊莉莎白一世終生未婚。說起當時王室的婚姻，理所當然都是國與國之間基於政治意圖而建立起的政治婚姻。

伊莉莎白因為擔心自己結婚會使得國家的立場大為改變，於是刻意保持單身。

另外，也有人說她是藉著保持未婚身分，保留「結婚」這個外交的手段。

當時的英國在世界上還是一個弱小的國家，或許正因為她有「嫁給國家」這樣的決心，才能夠領導英國成為一大強國吧！

女王、王妃專欄

為戰國時代增添色彩的公主 悲劇姊妹花：淀殿與江

戰國時代的公主，也大多在戰亂之中走向悲慘而戲劇化的命運。尤其淀殿和江的人生更是波瀾萬丈到可以拍成一齣大河劇。

淀殿與江是戰國大名淺井長政和阿市夫人的女兒。長女淀殿嫁給一統天下的豐臣秀吉，三女江則是和開啟江戶幕府的德川家康（P.104）之子，也就是第二代將軍秀忠結婚。

兩人出嫁後依然靠著信件彼此交流，然而命運的捉弄讓豐臣家和德川家交戰，她們雖是姊妹卻因此成了敵人。

在「大阪冬之陣」時，雙方曾一度因為次女初的調停而和好，但是隔年「大阪夏之陣」時家康又再度攻擊豐臣家，淀殿於是和丈夫秀賴一起自殺。

淀殿

江

女王、王妃的聯絡簿

維多利亞女王

成績	政治能力 ▶ 良	健康 ▶ 優	戀愛 ▶ 優

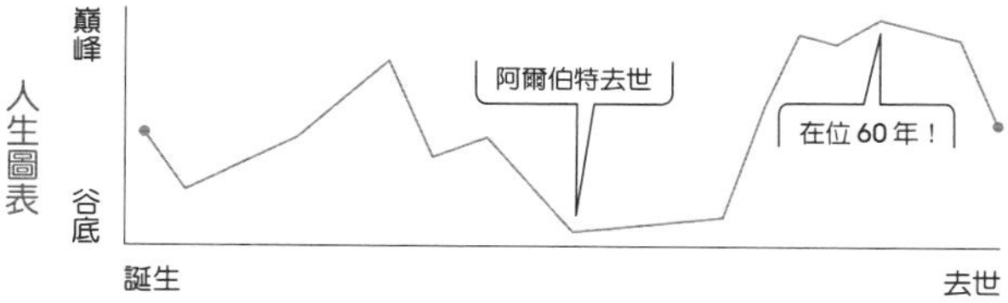

擔任女王超過60年的歐洲祖母

長達63年7個月的在位期間，健康狀態始終良好。和丈夫阿爾伯特之間關係融洽，兩人一共生了9個孩子，是國民眼中非常值得尊敬的模範家庭。在以議會為中心施政的君主立憲制度下，和政治家們齊心協力提升國力。

伊莉莎白一世

成績	領導力 ▶ 優	責任感 ▶ 優	戀愛 ▶ 可

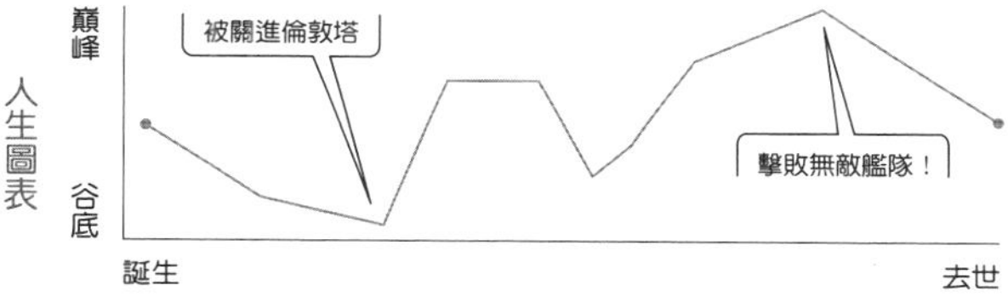

讓英國大幅發展的「英明女王」

因為弟弟和姊姊相繼去世，在26歲時成為女王。儘管受到命運的捉弄，她仍以強大的領導能力和責任感引領英國成為強國，是國民心目中值得尊敬的「英明女王」。由於對女王身分的責任感太過強烈，一生都沒有結婚。

瑪麗亞・特蕾莎

成績	政治能力 ▶ 優	孩子數量 ▶ 優	戀愛 ▶ 優

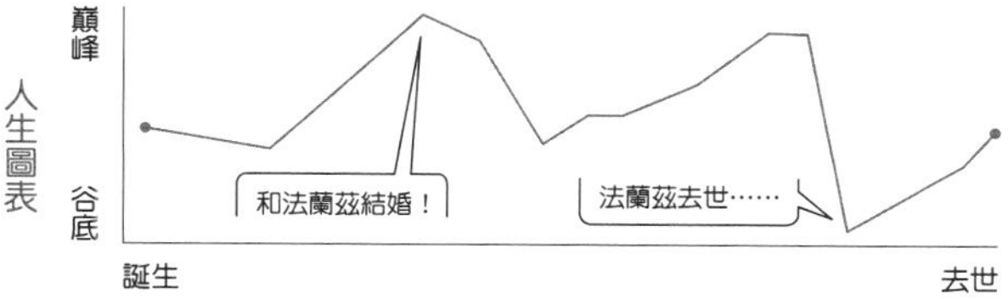

以國母身分備受尊敬的神聖羅馬女皇

在與普魯士之間戰亂不斷的情況下，巧妙地與人結盟並強化國力。在多為政治婚姻的當時，她透過戀愛結婚的事蹟也相當有名，和丈夫法蘭茲一共生了皇帝利奧波德二世、瑪麗・安托瓦內特等16個孩子。

楊貴妃

成績	美貌 ▶ 優	歌舞才華 ▶ 優	運氣 ▶ 可

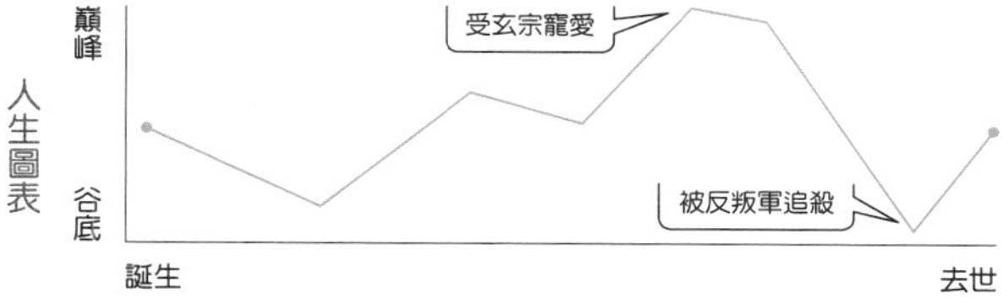

以美貌改變一國命運的悲劇貴妃

不只是絕世美女，還擁有出色的歌舞才能，因而被玄宗立為後宮中地位極高的「貴妃」，深受寵愛。最後被捲入權力鬥爭中而喪命，一生命運相當坎坷。

埃及豔后

成績	美貌 ▶ 優	政治能力 ▶ 優	運氣 ▶ 可

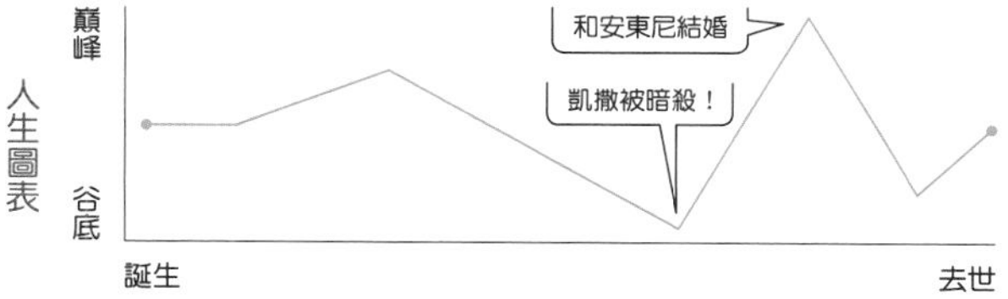

讓著名英雄拜倒石榴裙下的埃及女王

她憑著自己的美貌和政治手腕守護埃及，像是奪走羅馬獨裁者凱撒和年輕將軍安東尼的心，使其成為盟友等等。無論是和弟弟之間發生權力鬥爭，還是好不容易找到的盟友凱撒遭到暗殺，每次遇到危機總能挽回頹勢，然而最後好運還是用完了。

偉人對決！10 平安時代的才女激烈較勁！

紫式部

小說要比
隨筆來得
有趣多了！

偉人資料

開朗	★☆☆☆☆
慎重	★★★★★
文采	★★★★★

以女性特有的細膩觀點，寫出《源氏物語》的戀愛小說家

紫式部從小十分好學，父親曾經對她說「如果妳是男孩就好了」。30 歲左右結婚，丈夫死後入宮擔任宮仕（照顧身分地位高的人）。她從入宮前就開始寫的《源氏物語》獲得好評，當時的權力者藤原道長看過後，任命她當藤原彰子的女房（住在宮中的女官）。

不久，彰子生下期盼已久的皇子，紫式部將彰子生產的記錄整理成《紫式部日記》。

代表作《源氏物語》則是栩栩如生地描繪了人們在宮中生活、戀愛的情況。

清少納言妳這麼
得意忘形，早晚
不會有好下場！

紫式部所寫的《源氏物語》三大「厲害之處」

1. 多達54帖（卷數）的超長篇
2. 令人怦然心動的故事情節
3. 登場人物多達 5 百人

據說出生於 970 年左右。父親藤原為時很有教養，曾教導皇太子學問。

比起學習女性的才藝，
我更喜歡寫文章！

我所服侍的彰子夫
人，是藤原道長大人
的女兒喔！

《源氏物語》是描述名叫光源氏的帥哥，為了愛情和仕途而努力的成功故事。妳也很想讀讀看對吧？

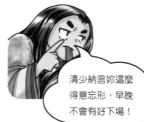

1014年左右（約45歲）去世

沒有留下辭去宮仕一職之後的紀錄，推測應該是在 43 歲～ 45 歲之間過世。

V

設

20

30

40

50

對決的

紫式部和清少納言擔任宮仕的時期並不相同，不過彼此都是服
則像是取而代之似的獲得權力。不只是主人的命運大不相同，
老後生活艱困的清少納言，兩人的遭遇也有著相當大的落差。

紫式部和清少納言留下了《源氏物語》和《枕草子》這兩部在平安時代文學作品中首屈一指的名作。兩人都是一邊在宮裡工作，一邊書寫文章，究竟經常被拿來比較的她們，誰的人生比較幸福呢？

清少納言

偉人資料

開朗	★★★★★
慎重	★★☆☆☆
文采	★★★★★

以豐沛的感受力觀察宮中，寫出《枕草子》的散文家

據說出生於966年左右。父親是有名的歌人清原元輔，曾祖父清原深養父也是「中古三十六歌仙」之一的名人。

我從小就向身為歌人的父親學習和歌。

我所服侍的定子夫人是一条天皇的皇后！

在《枕草子》中，將個人的感受、想法集結成風雅優美的文章。有教養的大人果然還是要寫隨筆啦！

1025年左右（約60歲）去世

跟據傳說，她是懷著對過往的依戀過世的，不過詳情並不清楚。

清少納言自小便向身為歌人的父親學習和歌，她的和歌才華和高度教養受到好評，於是進到宮中擔任皇后藤原定子的女房。她在定子給她的草紙（空白筆記本）上，寫下當天發生的事情和心中的想法，而那便是後來的《枕草子》，據說是日本的第一本散文集（類似隨筆、學校作文的文章）。

不久，定子的父親過世，引發了權力鬥爭，定子因此失勢、在25歲時去世。清少納言則就此從歷史舞台上消失，幾乎沒有留下後來的紀錄。

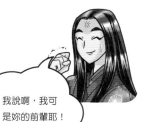

我說啊，我可是妳的前輩耶！

清少納言所寫的《枕草子》三大「厲害之處」

1. 散文的始祖
2. 感性豐沛的描述
3. 優美的文章

總結

侍天皇的妃子。相對於定子因為被捲入權力鬥爭而失勢，彰子受到當代權力者喜愛的紫式部，和定子死後就少有紀錄、據說

更多比較！

受歷史捉弄的悲劇女主角

在漫長的歷史中，有幾位被稱為悲劇女主角的人物。她們在什麼樣的時代生活？為什麼會變成悲劇女主角？……就讓我們來比較一下，4位著名悲劇女主角的人生吧！

聖女貞德

1412年出生於法國。聽從神諭參加英法戰爭，率領處於劣勢的法軍，表現活躍。

在神之聲的引導下拯救祖國，年僅19歲就遭處死的世界級女英雄

貞德出生在法國和英國展開激烈「百年戰爭」的時代。17歲時，她聽見神告訴她「去拯救祖國吧！」，便把這件事告訴查理王子。

王子相信神諭，讓貞德以「受神引導的少女」身分上戰場作戰。

她成功收復遭英軍包圍的都市奧爾良後，開始在法國各地接連打敗英軍，戰果豐碩。

貞德雖然對戰爭一無所知，卻還是秉持著強大的信念勇敢領軍，拯救遭英國壓制的法國。

可是後來她落入敵人手中，在審判中被斷定是「違逆神的邪惡魔女」，遭處以死刑，年僅19歲就離開人世。

戰爭結束後，貞德被證明無罪，成為以法國為中心、受全世界愛戴的著名女英雄。

瑪麗・安托瓦內特

1755年出生於奧地利的哈布斯堡家族。是法國國王的王后，卻被捲入法國革命，遭處死刑。

14歲和法國王子結婚，被革命漩渦吞沒的美女

法國的瑪麗・安托瓦內特王后是奧地利女王瑪麗亞・特蕾莎（P.116）的女兒。14歲時，和法國的路易王子（後來的路易十六世）在凡爾賽宮舉辦婚禮。那是一場為了打好奧地利和法國雙方關係而締結的政治婚姻。

後來瑪麗34歲時，法國大革命爆發。飽受痛苦生活折磨的市民，將怒氣發洩在奢華度日的貴族身上。

和路易王子結婚後，瑪麗每天過著以美麗衣裳和寶石裝扮自己、奢侈華麗的貴族生活。

感覺到自己有危險的瑪麗，本來想逃回祖國奧地利，卻被抓起來關進監牢。

後來，她被以浪費國家財產、蔑視國民的理由判處死刑，37歲時，在眾目睽睽下被處死。

悲劇女主角出生於何種家庭？

關於這 4 位悲劇女主角的父親，其職業、身分整理如右表。瑪麗和伽羅奢是權力者的女兒，貞德和安妮的家庭收入也在當時的平均水準之上。她們 4 人如果是生長在和平的時代，或許就能度過幸福的人生吧。

女主角們的父親

聖女貞德	富裕的農家
瑪麗・安托瓦內特	皇帝
細川伽羅奢	戰國大名
安妮・法蘭克	銀行員

細川伽羅奢

1563 年出生於福井縣，是明智光秀的女兒，15 歲時和細川忠興結婚。出嫁前的本名是明智珠，伽羅奢則是她身為基督教徒的教名。

安妮・法蘭克

1929 年出生於德國。一邊害怕納粹的迫害，一邊在隱密的房間生活，而當時她所寫下的日記在全世界獲得迴響。

被捲入男人們的戰爭，迎來悲壯結局的基督徒

戰國時代的代表性悲劇女主角。她嫁給細川忠興後本來過著幸福的婚姻生活，但結婚 4 年後卻發生本能寺之變。

由於父親明智光秀打倒主君織田信長，伽羅奢變成了「叛徒的女兒」，於是她和丈夫離婚，來到深山的宅邸生活。

在痛苦煎熬的生活中，給予伽羅奢支持的是基督教。當時基督教遭到禁止，所以伽羅奢是偷偷地信奉著。

後來，繼承信長之位的豐臣秀吉原諒了她，但是關原之戰爆發時，敵軍包圍宅邸，想要挾持伽羅奢，好讓戰爭局勢朝對自己有利的方向發展。

被逼得走投無路的伽羅奢，最後選擇放火燒了宅邸。由於基督教禁止自殺，因此她命令家臣拿劍刺入自己的胸膛，結束 38 年的人生。

即便遭遇不合理的苦難，仍懷抱希望努力生存的少女

身為猶太人的安妮，出生在獨裁者希特勒所率領的納粹無情地迫害猶太人的時代。安妮一家為了逃離納粹，離開德國到荷蘭生活，卻還是沒能徹底擺脫。

納粹占領荷蘭，在那裡也展開對猶太人的迫害。安妮為了不被納粹發現，不得已躲在隱密的房間裡生活。這時安妮才只有 13 歲。

在隱密房間生活時，安妮將每天不安的心情、對未來懷抱的希望等等寫在日記中。

後來她在15歲時被納粹發現，關進強制收容所，不久就因為生病而去世。

死後，她所寫的日記被人發現，出版成《安妮日記》這本書，在全世界成為暢銷書籍。

世界偉人對決超圖鑑

10 大主題、 110 位偉人的
人生成就精彩大 PK ！

2020年12月1日初版第一刷發行

編　　著　Sherpa股份有限公司
譯　　者　曹茹蘋
編　　輯　陳映潔
發 行 人　南部裕
發 行 所　台灣東販股份有限公司
　　　　　＜地址＞台北市南京東路4段130號2F-1
　　　　　＜電話＞(02)2577-8878
　　　　　＜傳真＞(02)2577-8896
　　　　　＜網址＞www.tohan.com.tw
郵撥帳號　1405049-4
法律顧問　蕭雄淋律師
總 經 銷　聯合發行股份有限公司
　　　　　＜電話＞(02)2917-8022

日文版工作人員

製作
Sherpa股份有限公司

設計
WHITELINE GRAPHICS CO.

插圖
岡本三紀夫、平井源、謝名沙也加、加藤暖香、箭內祐士、市川愛、森倫太郎、大樂道子、マイマイ、あべ一彥、杉野かおる、もつる、岡田岸子、泉麗香、明奇青拓

執筆
寺田永治（Sherpa股份有限公司）、富宗治（Sherpa股份有限公司）杉原譽洋、草香去來

製作協力
綜合學園Human Academy漫畫學院、
Imagination Creative有限公司

【主要參考文獻】
《學習漫畫 日本傳記》系列（集英社）
《學習漫畫 世界傳記》系列（集英社）
《學習漫畫 世界傳記NEXT》系列（集英社）
《學習漫畫 世界歷史》系列（集英社）
《小學館版 學習漫畫人物館》系列（小學館）
《視覺版傳記》系列（BL出版）
《漫畫版 世界傳記》系列（POPLAR社）
《看啊！創造歷史的人物傳》系列（POPLAR社）
《讀全彩漫畫 瞭解世界偉人》系列（岩崎書店）
《講談社學習漫畫 原子小金剛人物館》系列（講談社）
《閱讀、調查、瞭解時代 密涅瓦日本歷史人物傳》系列（密涅瓦書房）
（以上書名皆為暫譯）

國家圖書館出版品預行編目(CIP)資料

世界偉人對決超圖鑑：10大主題、110位偉人的人生成就精彩大PK！／ Sherpa股份有限公司編著; 曹茹蘋譯. -- 初版. --臺北市：臺灣東販, 2020.12
128面；18.9×23.1公分
ISBN 978-986-511-539-5 (平裝)
1.世界傳記
781　　　　109017033